Colección: PEDAGOGÍA
             Manuales

Hacia una escuela ciudadana

Por

Juan DELVAL

Juan DELVAL

Hacia una escuela
ciudadana

Ediciones Morata, S. L.
Fundada por Javier Morata, Editor, en 1920
C/ Mejía Lequerica, 12 - 28004 - MADRID
morata@edmorata.es - www.edmorata.es

© de la presente edición:
EDICIONES MORATA, S. L. (2006)
Mejía Lequerica, 12. 28004 - Madrid

Derechos reservados
Depósito Legal: M-24.439-2006
ISBN-13: 978-84-7112-514-9
ISBN-10: 84-7112-514-5

Compuesto por Ángel Gallardo Servicios Gráficos, S. L.
Printed in Spain - Impreso en España
Imprime: Closas-Orcoyen, S. L. Paracuellos del Jarama (Madrid)
Cuadro de la cubierta: *School is out* (1889) por Elizabeth Armstrong (detalle)

Contenido

© Ediciones Morata, S. L.

Sobre el autor

Juan DELVAL es catedrático de Psicología Evolutiva y de la Educación en la Universidad Nacional de Educación a Distancia (UNED) y ha enseñado durante 38 años en la Universidad Autónoma de Madrid. Fue alumno de Jean Piaget en Ginebra durante los años sesenta, y trabaja desde entonces en temas de desarrollo infantil y, en particular, en el conocimiento del mundo social y la educación. Ha pronunciado conferencias, impartido cursos y realizado trabajos de investigación en numerosos países principalmente de América Latina, desarrollando estudios e investigaciones en diversas universidades extranjeras.

Ha publicado más de un centenar de artículos sobre temas de su especialidad, así como diversos libros entre los que se encuentran: *El animismo y el pensamiento infantil* (1975), *La psicología en la escuela* (1986), *Crecer y pensar,* 1983, *Los fines de la educación* (1990), *Aprender a pensar* (1991), *El desarrollo humano* (1994), *Moral, desarrollo y educación* (con I. Enesco) (1994), *Aprender en la vida y en la escuela* (2000), *Descubrir el pensamiento de los niños* (2001), *La escuela posible* (2002).

Prefacio

"Me aburro en las clases". "No entiendo nada de las matemáticas". "En sociales hay que aprendérselo todo de memoria". "El profesor de tecnología me tiene manía". "No tengo ganas de ir a clase"...

No es extraño escuchar este tipo de comentarios por parte de los alumnos de los últimos cursos de primaria o durante la enseñanza secundaria. Podemos pensar que no tienen importancia, que todos tenemos momentos de desánimo y también a nosotros nos pasó algo parecido, pero no dejan de ser manifestaciones de descontento de los alumnos con la actividad que realizan en la escuela.

¿Son felices nuestros hijos en las escuelas?, ¿les estamos proporcionando la formación que necesitarán para integrarse en la sociedad del futuro y para contribuir a los cambios sociales que nos permitan vivir en un mundo más justo?

En todos los países se habla con frecuencia de reformas educativas, pero, cuando las analizamos en detalle, nos encontramos con que sólo se refieren a los aspectos más superficiales y periféricos de la educación, por lo que tienen poca incidencia sobre los tres aspectos fundamentales que habría que modificar: La organización social de la escuela, la forma de aprender y las relaciones de la escuela con la comunidad.

Es normal que los políticos presten atención a los problemas más aparentes que preocupan a los ciudadanos, y que son objeto de polémica en la controversia política, tales como la construcción de más escuelas, su dotación material, disponer de un mayor número de profesores, tener una distribución de materias equilibrada, dar autonomía a las escuelas, disponer de sistemas adecuados para el nombramiento de directores, los horarios y los períodos de vacaciones, regular la admisión de alumnos, etc.

Pero, al mismo tiempo, se habla mucho de la necesidad de formar ciudadanos, de la importancia de la formación cívica y moral, de educar para la convivencia y la democracia, y de adquirir niveles de competencias semejantes a los de otros países. Alcanzar todo eso requeriría realizar cambios profundos en el funcionamiento cotidiano de las escuelas, cambios que son difíciles de lograr mediante meros retoques en la legislación. Por el contrario, esos cambios deberían implicar a todos los que están interesados por la educación, no sólo a los profesores, los padres o los administradores, sino a toda la población, porque la educación es una tarea que, para bien o para mal, realiza toda la sociedad.

Esos cambios no pueden lograrse introduciendo una nueva materia de educación para la ciudadanía, ni sermoneando a los alumnos sobre la necesidad de ser buenos, cooperar, e interesarse por el trabajo escolar, ni tampoco repitiéndoles que tienen que esforzarse más o tratando de ponerles más pruebas, exámenes u obstáculos. Por el contrario, es necesario cambiar el clima y la organización en el interior de los centros escolares, prestar más atención a la vida social, dejar participar a los alumnos e implicarlos profundamente en las actividades que realizan, para conseguir que lleguen a convertirse en individuos autónomos.

Resulta, por tanto, sorprendente que, aunque se produzcan encendidas polémicas sobre los problemas educativos que ocupan periódicamente los medios de comunicación, se hable tan poco de las prácticas que se realizan en el interior de las escuelas y que conforman sus rutinas cotidianas, prácticas que contribuyen muy poco a alcanzar los fines que muchos dicen desear. ¿Cómo se puede llegar a ser un ciudadano responsable cuando no te dejan asumir responsabilidades? ¿Cómo se puede aprender a pensar crítica y racionalmente cuando preocupa poco que entiendas lo que estudias? ¿Cómo puedes aprender a expresarte verbalmente cuando interesa poco que tengas algo que expresar?

En este libro he tratado de recoger algunas ideas simples sobre las iniciativas y los cambios que deberían producirse en la escuela para que ésta contribuyera a formar ciudadanos y no sólo alumnos.

CAPÍTULO PRIMERO

¿Qué esperamos de la escuela?

Se dice que la educación es el mayor invento de la humanidad pues, gracias a ella, podemos transmitir a las nuevas generaciones todo el conocimiento adquirido por los que nos han precedido, sin necesidad de que cada uno descubra por sí mismo cosas que otros ya sabían (BRUNER, 1996). El sociólogo francés DURKHEIM (1911) definió la educación como la socialización sistemática de la generación joven, pues mediante ella transmitimos las formas de vida, los conocimientos, las soluciones a los problemas, los valores, y los rasgos fundamentales de la cultura que caracterizan a una sociedad determinada.

Aunque la educación se practica en todas las sociedades humanas, algunas han establecido lugares especializados para realizar esa socialización, que son las escuelas. Pero hoy, cuando vivimos en sociedades complejas que están cambiando con mucha rapidez, y tenemos que adaptarnos continuamente a esos cambios nos podemos plantear: ¿para qué llevamos hoy a nuestros hijos a las escuelas?

Quizá a algunos les parezca una pregunta superflua, cuya respuesta resulta totalmente evidente. La imagen de los niños entrando en las escuelas a primera hora de la mañana resulta tan familiar y cotidiana como el apretado tráfico en las calles o las vallas con los anuncios publicitarios multicolores. ¿Qué haríamos con nuestros hijos si no pudiéramos llevarlos a la escuela con lo complicada que es la vida actual? Más bien parece que la pregunta que podríamos hacernos es la contraria: ¿cómo es posible que haya niños que no asisten a las escuelas?

A éstas podríamos añadir otras preguntas tales como: ¿Qué es lo que esperamos que adquieran en los centros escolares?, ¿cuándo nos sentimos satisfechos con los progresos que realizan? Si nos paramos a pensar sobre estas cuestiones rápidamente nos damos cuenta de que las respuestas no son tan evidentes como podría parecer a primera vista y posiblemente mucha gente no se pondría de acuerdo con facilidad sobre cómo responderlas.

Hoy las finalidades y las metas que se pretenden alcanzar con la educación son mucho menos claras que hace años porque vivimos en una sociedad más compleja y plural en la que los modelos de conducta están menos determinados. Se habla con mucha frecuencia de que la escuela debe preparar para la vida y formar individuos que sean capaces de integrarse fácilmente en el tejido social cuando lleguen a la edad adulta. Por eso se hacen también menciones frecuentes a la educación para la ciudadanía y a la importancia de la formación moral.

De alguna manera, siempre se ha pretendido que la escuela prepare para la vida[1]. Pero hoy el futuro está mucho más abierto que en épocas pasadas, y los cambios se producen con más rapidez. Además, cuando se producen conflictos en la sociedad, cuando los medios de comunicación nos hablan de que algunos jóvenes se ven implicados en actos de violencia, en conductas delictivas, o consumen drogas, se vuelve la vista hacia la escuela para reclamar que allí se les debería dar una formación mejor que evitara la producción de actos antisociales o dañinos.

Todo lo contrario

Sin embargo, si observamos lo que sucede en el interior de las escuelas nos podemos dar cuenta de que la educación actual no resulta la más adecuada para proporcionar una formación para la vida y que prepare para participar como un auténtico ciudadano en una sociedad democrática.

El concepto de ciudadanía se refiere históricamente a la relación entre el individuo y su ciudad, y se amplía en los estados modernos. El ciudadano goza de derechos garantizados por las leyes del Estado al que pertenece, pero tiene obligaciones y responsabilidades correlativas. El derecho a participar en la elección de sus gobernantes se corresponde con la obligación de contribuir y no impedir el normal funcionamiento de la vida social.

El ciudadano que es capaz de participar de forma responsable en la vida social es aquel que entiende los problemas que se plantean en la sociedad, que es capaz de comprender las diferentes perspectivas y los intereses de distintos grupos, y de aportar y participar en soluciones viables para los problemas comunes. Debería ser un ciudadano capaz de cooperar y también de competir con otros, pero siempre por medios racionales y pacíficos. Tiene que acostumbrarse a analizar las situaciones, a valorarlas y a tomar decisiones.

¿Cómo podemos preparar para la democracia y para la responsabilidad ciudadana en una escuela en la que no se enseña a los alumnos a tomar decisiones, en la que apenas se les atribuyen responsabilidades? La respon-

---

[1] Thomas HUGUES, en una novela sobre la vida en las escuelas privadas inglesas del siglo XIX escribía: "La finalidad de todas las escuelas no es clavar el latín y el griego en las cabezas de los chicos, sino hacerlos buenos ingleses, para que sean luego buenos ciudadanos". (HUGUES, 1857, tomo 1, pág. 80).

sabilidad es la capacidad para reconocer y aceptar las consecuencias de una acción que se ha realizado libremente. Asumir responsabilidades es tener capacidad para decidir y correlativamente sufrir las consecuencias, sean positivas o negativas, de la acción que se ha realizado. En cierto modo podemos decir que asumir responsabilidades es arriesgarse.

En realidad, en la escuela todo está decidido de antemano, los horarios, los temas, la manera de enseñarlos, el pase o la repetición de curso. Cada uno de los actores parece que se limita a cumplir con una función que le ha sido asignada, y que eso no se puede cambiar. El profesor, los alumnos, el director, el conserje, todos tienen sus papeles escritos sin que puedan decidir, ni lo pretendan.

En todo caso, el que representa a la autoridad es el profesor, y los alumnos tienen que limitarse a ejecutar las tareas que se les encomiendan aunque no les vean sentido. La capacidad de éstos para tomar iniciativas es muy reducida pues la escuela actual no es un ámbito donde se aprenda a adquirir responsabilidades, si acaso responsabilidades individuales: el que no estudia no aprueba. Pero no hay responsabilidades colectivas referentes a la participación del individuo en el grupo.

En realidad la situación tampoco es muy distinta de la que existe en el ámbito familiar, en la casa, donde tampoco es usual que se prepare a los niños y jóvenes para tomar iniciativas y asumir responsabilidades. Los niños y niñas actuales están muy protegidos ante los múltiples peligros que les pueden acechar, pero participan poco. Son como delicadas flores que es necesario cuidar, pues corren el peligro de marchitarse ante cualquier dificultad.

Sin embargo, tras recibir este tipo de educación, se pretende que los adolescentes y los jóvenes sean responsables, tengan una conciencia moral clara, respeten las normas y se preocupen por los demás. La meta supuesta es que se conviertan en ciudadanos responsables y participativos. ¿Pero estamos siguiendo el camino para llegar hasta ella? Creemos que no.

Una de las tareas de la escuela debería consistir en facilitar que se vayan asumiendo progresivamente responsabilidades. En una fase inicial, con los más pequeños, el profesor tiene que ejercitar su autoridad y proponer una serie de normas claras acerca de los límites que no deben sobrepasarse. Debe ser de esta manera porque los alumnos pequeños, los de la escuela infantil, son todavía poco capaces de darse cuenta de cuáles son las consecuencias que pueden tener determinados actos, por ejemplo los que pueden afectar a su integridad física, o a la de sus compañeros. Pero desde el principio hay que procurar que los alumnos contribuyan a elaborar normas para todos, a respetarlas, y a decidir qué es lo que se hace con los que no las respetan. A medida que crecen, el profesor tiene que irles traspasando la responsabilidad y el control de la situación, para que ellos se conciencien de que los actos que ejecutan libremente pueden tener unas consecuencias para ellos mismos y para los otros. Hay que irles dando tareas que impliquen consecuencias y analizar colectivamente cómo se han realizado.

Los cambios sociales

Creo que no es posible entender los problemas por los que atraviesa la institución escolar sin relacionarlos con los profundos cambios que se han producido en las sociedades humanas, y fundamentalmente en las sociedades occidentales en los últimos cincuenta años. Es difícil hacer un diagnóstico de esos cambios en pocas líneas, pues cada uno de ellos afecta de una manera distinta a lo que acontece en las escuelas, aunque todos estén relacionados entre sí.

En primer lugar la *riqueza* acumulada en las sociedades ha aumentado de una manera extraordinaria y ha surgido lo que se denomina la *sociedad de consumo*, dominada por el mercado, en la que todo tiene un precio, y el éxito social está estrechamente ligado al éxito económico. El consumo se ha convertido en uno de los objetivos fundamentales de la vida: consumo de objetos, de diversiones, de emociones, de viajes, de ropa.

Esto ha dado lugar a cambios profundos en las *formas de vida*. El motor económico de las sociedades se encuentra en las ciudades, y la tendencia a la *urbanización* constituye un movimiento imparable, mientras que el campo se va quedando despoblado. El bienestar económico para una parte amplia de la población[2] ha producido una *prolongación de la vida*, un número mucho mayor de ancianos ociosos, resultado de los descubrimientos en la medicina y la mejora general de la salud, que se ha reflejado también en la disminución de la mortalidad infantil.

Se han producido cambios profundos en las *familias*, conectados con la transformación del papel de la mujer al incorporarse a la vida activa fuera del hogar, uno de los hechos sociales más notables que han tenido lugar en el siglo xx. Su independencia económica se ha traducido en un mayor número de divorcios al no tener que depender económicamente de sus maridos. Esto ha producido también una reducción de las *tasas de natalidad*, de forma que las familias actuales tienen poco que ver en su composición con las del siglo xix, y aparecen unidades familiares cada vez más variadas. Muchos niños o niñas viven únicamente con un progenitor, y el tamaño de las familias es cada vez más reducido, lo que limita las posibilidades de aprendizaje dentro de la familia, unido a la falta de tiempo que tienen los progenitores para ocuparse de sus hijos.

El aumento de la riqueza y de la acumulación material en las sociedades se ha traducido en un extraordinario crecimiento del *poder de las empresas*, que supera con frecuencia el poder de los gobiernos. Mientras que, a lo largo de los últimos siglos, se ha ido limitando el poder político mediante la legislación y la creación de Estados de derecho, —en los que los gobernantes están sometidos también al imperio de la ley—, el poder económico ha ido creciendo y continúa estando muy poco regulado, por lo que los ciudadanos y los

---

[2] No podemos analizar aquí que otra parte de la población queda excluida y que se ha formado un grupo permanente de marginados (desempleados, enfermos, inmigrantes, mujeres y gente sin hogar), incluso en los países más ricos.

mismos Estados se encuentran muy indefensos frente a él. Esto hace que las grandes empresas tengan también una influencia decisiva en la educación.

En estas sociedades, que tanto han cambiado, la *situación de los niños y jóvenes* también se ha modificado profundamente, incluyendo sus relaciones con los adultos. Por una parte, los niños y niñas tienen relación con menos adultos, incluso de su propia familia, al estar en desaparición la familia extensa. Incluso las relaciones con niños de otras edades se han limitado ya que los sistemas escolares han introducido un sistema estricto de compartimentación por edad, y se ha reducido el número de hermanos. Pero, al mismo tiempo, los niños tienen mucha más información que antes, adquirida sobre todo a través de los medios de comunicación, información que, en algunos aspectos, es mayor que la de los adultos, en particular respecto a las nuevas tecnologías, que consiguen dominar mucho más fácilmente. Esto conlleva una pérdida de prestigio de los adultos, y una pérdida de autoridad, por lo que podemos decir que se ha producido una enorme subversión en las relaciones niño-adulto.

En contradicción con todo lo anterior, el *período formativo* se ha alargado, pues es necesario aprender muchas más cosas, y las posibilidades de encontrar trabajo son mucho más remotas sin una formación muy larga. Todo mantiene a los jóvenes en situación de dependencia durante muchos años, al mismo tiempo que se sienten mucho más competentes, y tienen cierta capacidad económica a través del dinero que reciben de sus padres, que los convierte en buenos consumidores, y por ello alimento para la voracidad de las grandes empresas.

Esta situación tan contradictoria hace que el tránsito de la adolescencia a la edad adulta sea muy traumático para muchos jóvenes, lo que da lugar a manifestaciones preocupantes de tipos muy variados, que van desde el aumento de la violencia juvenil, el consumo de drogas destructivo, la anorexia o el crecimiento de los suicidios de adolescentes. Los padres se sienten muy impotentes ante situaciones que son completamente nuevas para ellos, pues tienen poco que ver con lo que vivieron en su propia adolescencia y, además, muestran mucha menos autoridad ante sus propios ojos, y ante los de sus hijos, que la que tenían sus padres. Todo ello hace que los jóvenes se sientan extraordinariamente perdidos para incorporarse al mundo adulto, ya que los medios de comunicación y el consumo parecen desplegar ante ellos posibilidades inmensas (objetos, viajes, experiencias, diversiones) mientras que, en la práctica, les cuesta encontrar su camino y hallar formas de insertarse en el mundo del trabajo. La violencia juvenil, aparentemente gratuita, que se produce algunas veces constituye una forma de protesta y de resistencia ante esa situación de desconcierto[3].

A lo anterior se une la inmensa influencia que han adquirido los *medios de comunicación*, uno de los vehículos principales de penetración del poder de las grandes empresas, que tienen una enorme influencia en la transmisión de informaciones y de valores.

---

[3] Sin saber qué hacer, desorientados social y moralmente, algunos jóvenes realizarán actos tan inútiles y deplorables como matarse entre ellos, maltratar a indigentes, inmigrantes e individuos indefensos, o destruir los recursos colectivos.

© Ediciones Morata, S. L.

Las transformaciones de la educación

Podríamos decir que, con respecto a la institucionalización de la educación, se han producido a lo largo de la historia tres grandes revoluciones, y que nos encontramos en medio de la tercera.

Aunque la práctica de la educación es una de las características más diferenciadoras de la especie humana, que tiene lugar en todas las sociedades; si nos remontamos hacía el pasado, podemos señalar que el primer gran avance en la educación lo constituyó el establecimiento de unas *instituciones* específicamente dedicadas a transmitir a las nuevas generaciones el conocimiento que habían alcanzado las generaciones anteriores. Frente a los restantes animales, que aprenden a través de su experiencia, e incluso pueden aprender de sus congéneres por imitación, los seres humanos somos capaces de enseñar, pero esto sólo se produce en nuestra especie (DELVAL, 2000). Desde tiempos inmemoriales, los humanos han enseñado a sus crías, pero crear instituciones dedicadas exclusivamente a realizar esta tarea supuso un gran paso adelante.

Este invento se produjo en sociedades que podemos considerar de tipo esclavista —lejos, por tanto, de la democracia que queremos disfrutar actualmente— como en Egipto, en Mesopotamia y más tarde en Grecia, pero constituyó un progreso enorme que abrió la puerta a la transmisión sistemática y directa de la cultura, y a su mejor preservación. Cada uno de nosotros no necesita descubrir todo lo que aprendieron nuestros predecesores, sino que se nos transmite ya una gran parte de la cultura que ha sido acumulada por las generaciones anteriores. Esto queda bien reflejado en esa antigua y hermosa metáfora, a la que gustaba referirse NEWTON, pero que es muy anterior a él: cada uno de nosotros somos enanos que nos subimos sobre las espaldas de gigantes y gracias a ello, por pequeños que seamos, vemos un poquito más lejos que esos gigantes que nos han antecedido.

El segundo gran cambio, la segunda gran revolución, que se produjo en la educación consistió en defender que hay que procurar *educación para todos*. Es una idea que empieza a aparecer en el siglo XVII, en sociedades en las que se comienza también a hablar de derechos humanos, de derechos universales, que se formularán explícitamente en la Revolución Francesa, en la Revolución Norteamericana.

Uno de los primeros proponentes de la educación universal fue el gran educador centroeuropeo Jan Amos COMENIUS, que tuvo la osadía y la visión de futuro de sostener que había que enseñar "todo a todos", y todos incluía también las mujeres, algo verdaderamente revolucionario en ese momento[4].

---

[4] Además COMENIUS ha tenido una influencia gigantesca dentro de la historia de la educación, ya que fue el primero que generalizó el uso de ilustraciones en los libros de texto. Antes los libros destinados a la enseñanza no tenían dibujos o ilustraciones, pero COMENIUS, en esa obra que tituló *Orbis sensualium pictus* (1658) representa el mundo en imágenes para que los niños pudieran acompañar las palabras con imágenes. Algo que nos resulta completamente familiar en este siglo de las imágenes, pero que antes era desconocido.

A finales del siglo XVIII se establece un sistema de escuelas estatales en Prusia, y desde finales del siglo XIX cada vez se habla más de implantar una educación para todos; pero lograrlo ha requerido muchos años y todavía hay muchos países en el mundo que están lejos de haber conseguido escolarizar a todos sus niños y jóvenes. Por ejemplo, en España, aunque el propósito es antiguo, sólo empieza la escolarización universal durante un período de ocho años a partir de la Ley General de Educación de 1970.

Si examinamos la situación de la enseñanza en la actualidad, podemos ver que se han logrado enormes progresos, entre otras cosas porque se ha visto que el nivel educativo tiene una gran influencia sobre el desarrollo económico y social de un país y hay estudios que muestran cómo el aumento de la escolaridad repercute directamente sobre la renta per cápita.

Más educación, además, suele garantizar mejores perspectivas laborales desde el punto de vista individual. La persona que ha estudiado más tiene mejores posibilidades de conseguir trabajo (aunque no sea precisamente en lo que ha estudiado), y así lo muestran todas las estadísticas que relacionan nivel de estudios con un porcentaje de empleados. Hoy los países realizan enormes esfuerzos para tener escolarizada a toda la población, a los niños y niñas, durante muchos años[5].

Entonces la prolongación de la escolaridad es un hecho característico de nuestro tiempo: en muchísimos países, la escolaridad obligatoria supone permanecer en la escuela durante 10 o 12 años, desde los 6 años de edad hasta los 16 o los 18. Además se tiende a ampliar la escolarización también

---

[5] Cada vez hay más estudios que muestran, además, que la escolarización contribuye a mejorar la vida en todos sus aspectos. Por ejemplo, las mujeres que han sido escolarizadas en las sociedades en desarrollo tienen una probabilidad mayor de que sus hijos sobrevivan. Como declaraba un indígena analfabeto ifugao de la isla de Luzón, en Filipinas, lamentándose de su situación: "leer y escribir sirve para encontrar otros trabajos".

Un estudio realizado en 2005 por la Organización Mundial del Trabajo (OIT) muestra que la supresión del trabajo infantil y la escolarización de esos niños no sólo contribuiría a mejorar enormemente su situación personal sino que reportaría grandes beneficios económicos. En el estudio, realizado en 19 países de Iberoamérica y del Caribe, se señala que en esa región existen 19,7 millones de niños trabajadores con edades entre 5 y 17 años. Frecuentemente se afirma que el trabajo de esos niños es necesario para su supervivencia y la de sus familias. Sin embargo, si en un plazo de 20 años se realizara una inversión de 105.000 millones de dólares (que incluye subvenciones a las familias por el dinero que dejan de ingresar), se podría eliminar el trabajo infantil y conseguir la escolarización de todos esos niños. Los beneficios puramente económicos de esta iniciativa serían de 341.000 millones de dólares, lo que arroja un saldo favorable de 236.000 millones de dólares. Para realizar ese cálculo se han tenido en cuenta los beneficios salariales que proporciona un mayor nivel educativo a lo largo de la vida, así como los beneficios en la salud ligados a la eliminación de las peores formas de trabajo infantil. Naturalmente esto requiere una inversión a largo plazo, cuyos efectos no se verán inmediatamente y el programa está calculado con una duración de 20 años. Es frecuente que los gobiernos no quieran abordar ese tipo de acciones cuyos efectos sólo serán visibles cuando ya no estén en el poder. La OIT calcula que existen 246 millones de niños trabajadores en todo el mundo, de los cuales 179 millones sufren las peores formas de trabajo infantil, que ponen en peligro su integridad física, mental y moral. (Puede consultarse este estudio en www.oit.org.pe/ipec/documentos/cb_iberoamérica.pdf.)

en edades anteriores, en la llamada educación preescolar, o escuela infantil.

Así pues, hay un movimiento que lleva a extender el período de escolarización. Incluso desde menos de los 2 años, y luego a una edad mayor se sigue extendiendo también, de tal manera que, dentro de unos años, probablemente las personas terminarán de estudiar a los 30 años, haciendo una licenciatura, un doctorado, estudios posdoctorales, es decir que pasarán buena parte de la vida en centros educativos, lo que supone también un retraso en la incorporación a la vida adulta.

La escolarización de *toda la población* durante una etapa de su vida ha supuesto para la escuela unos cambios enormes. Durante siglos, las escuelas estuvieron reservadas a unos pocos, pero hoy existe un acuerdo sobre que la educación debe proporcionarse a todos, con independencia de su clase social, de sus posibilidades económicas, de su inteligencia y de sus intereses, y que la educación debe ser gratuita e igual para todos. En los países más adelantados se ha conseguido casi totalmente la escolarización de niños, niñas y jóvenes durante diez o más años. Eso conlleva que la población que asiste a las escuelas sea cada vez más heterogénea, lo cual origina nuevos problemas que antes no sospechábamos.

No sólo se ha incorporado plenamente a las mujeres a la educación, cosa que se ha realizado con un notable éxito, sino que también es necesario hacerlo con los individuos que tienen necesidades educativas especiales, porque presentan algún tipo de déficit. Pero, teniendo en cuenta que existe una tendencia cada vez mayor a que aumente la movilidad de las poblaciones, es preciso incorporar a la escuela a individuos que provienen de otros países, de otras culturas, y que también presentan necesidades educativas especiales. Se han conseguido grandes mejoras para disponer de las escuelas necesarias y aumentar el número de profesores con el fin de reducir el número de alumnos por aula. También se considera que la tarea de educar requiere una preparación técnica, por lo que los profesores tienen que ser individuos especializados que reciben la formación adecuada.

Pero, como ha señalado acertadamente Mariano FERNANDEZ ENGUITA (2005), a medida que aumenta el número de alumnos y la escolarización se incrementa el coste de la educación, pero no de una forma lineal sino exponencial, porque los alumnos que se escolarizan son más difíciles, presentan mayores dificultades, y es necesario atenderles de forma adecuada y tratar de mantenerles dentro del sistema educativo, evitando que lo abandonen prematuramente. Pensemos en los alumnos con necesidades especiales, en los inmigrantes o en los objetores escolares. Por tanto, mejorar la calidad del sistema y mantener escolarizados a los alumnos más difíciles o marginados, requiere un aumento considerable de la inversión y cambios en la forma de trabajar para evitar que esos clientes difíciles abandonen prematuramente la partida.

Paralelamente se ha producido un espectacular *aumento de los contenidos escolares*. Las escuelas elementales del siglo XIX se ocupaban principalmente de la instrucción en habilidades básicas como la lectura, la escritura, la aritmética, así como de la formación religiosa y del desarrollo de los valores nacionales, sobre todo a través de la enseñanza de la historia. Pero, a lo largo del siglo xx, se ha ido considerando la necesidad de que la escuela sea también el lugar para la transmisión del conocimiento científico. El aumento extraordinario de los contenidos escolares ha tenido como consecuencia que exista un desajuste cada vez mayor entre lo que se enseña y lo que se aprende, y, por ello, se ha discutido profusamente si la educación que se proporciona en las escuelas es adecuada para los sujetos a los que va destinada. Desde comienzos del siglo xx se ha venido señalando la escasa adecuación de la enseñanza escolar respecto a las necesidades presentes y futuras de los niños y se ha criticado mucho la enseñanza puramente verbalista. Todo el movimiento de la "Escuela nueva" y la "Escuela activa" ha estado encaminado a tratar de promover una enseñanza más eficaz y, al mismo tiempo, centrada sobre las necesidades de los niños y niñas.

La gran tarea que nos queda pendiente en la actualidad es conseguir integrar en las escuelas durante ese largo período de formación a una población cada vez más heterogénea, a veces rebelde, proporcionando una educación de calidad, es decir los conocimientos, las actitudes y los valores que son necesarios para insertarse en la vida social, en una sociedad que cambia con rapidez y que presenta características distintas a las que existían antes. En relación con ello se toma cada vez más conciencia de que es preciso no sólo formar alumnos instruidos sino, sobre todo, futuros ciudadanos responsables. Ésta es la tercera gran revolución en la que nos encontramos inmersos.

Los deseos y la realidad

En casi todos los países, las leyes educativas contienen siempre en sus preámbulos hermosas declaraciones con las cuales no podemos estar en desacuerdo, pero suele existir una enorme distancia entre esos bienintencionados propósitos de tipo general y los medios y los caminos que se proponen para llegar hasta ellos. Además debemos tener en cuenta que las leyes sólo son marcos que hacen posibles determinadas prácticas, pero que los cambios importantes tienen que producirse en las actividades cotidianas de los centros escolares, y que se produzcan esos cambios no lo puede garantizar ninguna ley.

Por ejemplo, en España, en el preámbulo de la Ley Orgánica de Educación (Ministerio de Educación y Ciencia, 2006) se afirma que "la educación es el medio más adecuado para garantizar el ejercicio de la ciudadanía democrática, responsable, libre y crítica, que resulta indispensable para la constitución de sociedades avanzadas, dinámicas y justas".

Actualmente los dos ejes principales en torno a los cuales se articulan los deseos de las reformas educativas son la educación para la ciudadanía y la educación de calidad, a lo que se suele añadir la igualdad efectiva de oportunidades, que también se denomina equidad. De este modo, podemos encontrar casi en cualquier país declaraciones semejantes en los documentos programáticos y los preámbulos de las leyes [6].

Tenemos que alegrarnos de que las leyes educativas se propongan alcanzar tan nobles objetivos, a los que podríamos añadir algunos más, porque, en definitiva, deberíamos procurar también que nuestros alumnos fueran individuos felices y autónomos. Pero el funcionamiento actual de los centros escolares dista mucho de estar organizado para que esas metas puedan alcanzarse. Así pues, tenemos que replantearnos seriamente en estos momentos si la educación que se está proporcionando en los centros escolares responde a las necesidades de los alumnos y a las necesidades sociales, y si sirve para alcanzar esos hermosos objetivos. Tenemos muchos indicadores de que no es así, entre ellos que:

— Buena parte de los alumnos manifiestan un claro desinterés por los contenidos escolares, que tienen un difícil encaje en su vida cotidiana y que no constituyen una respuesta a sus necesidades.

— El conocimiento que reciben los estudiantes resulta poco utilizable en la vida, permanece muy confinado en el ámbito de la escuela, y no parecen manifestar muchas posibilidades de utilizarlo para la resolución de problemas prácticos.

— Existe una insatisfacción bastante generalizada acerca de la formación cívica y moral que adquieren, y en algunos centros los problemas de disciplina son preocupantes.

---

[6] Por ejemplo, en un documento presentado por la Secretaría de Educación Pública de México en 2001, acerca de las prioridades de la educación mexicana, se formulan las siguientes propuestas para promover la calidad en la educación básica:

— Una educación básica de buena calidad está orientada al desarrollo de las competencias cognoscitivas fundamentales de los alumnos, entre las que destacan las habilidades comunicativas básicas, es decir, la lectura, la escritura, la comunicación verbal y el saber escuchar.

— Una educación básica de buena calidad debe formar en los alumnos el interés y la disposición a continuar aprendiendo a lo largo de su vida, de manera autónoma y autodirigida; a transformar toda experiencia de vida en una ocasión para el aprendizaje.

— Una educación básica de buena calidad es aquella que propicia la capacidad de los alumnos de reconocer, plantear y resolver problemas; de predecir y generalizar resultados; de desarrollar el pensamiento crítico, la imaginación espacial y el pensamiento deductivo.

— Una educación básica de buena calidad brinda a los alumnos los elementos necesarios para conocer el mundo social y natural en el que viven y entender éstos como procesos en continuo movimiento y evolución.

— Una educación básica de buena calidad proporciona las bases para la formación de los futuros ciudadanos, para la convivencia y la democracia y la cultura de la legalidad.

— En una educación básica de buena calidad el desarrollo de las competencias básicas y el logro de los aprendizajes de los alumnos son los propósitos centrales, son las metas a las cuales los profesores, la escuela y el sistema dirigen sus esfuerzos.

En Brasil, la ley de 20 de diciembre de 1996 establece en su artículo 2.º: "La educación, deber de la familia y del Estado, inspirada en los principios de libertad y en los ideales de solidaridad humana, tiene por finalidad el pleno desarrollo del educando, su preparación para el ejercicio de la ciudadanía y su cualificación para el trabajo".

Si optamos por fomentar la existencia de individuos felices y autónomos, que tengan la posibilidad de utilizar el conocimiento que han recibido, y de integrarse en la vida social como ciudadanos activos, hay que comenzar por emprender una serie de reformas de largo alcance.

Las reformas educativas

Los políticos de todos los colores y tendencias suelen afirmar con gran frecuencia que mejorar la educación es una de sus prioridades, y quizá sea cierto en sus intenciones, pero se muestran poco capaces de emprender reformas profundas para alcanzar sus ambiciosos objetivos.

Por el contrario, los gobiernos, cuando hacen referencia a la educación, destacan como prioridades en sus programas asuntos de una importancia secundaria y limitada, como el refuerzo de la enseñanza de idiomas extranjeros, la gratuidad de los libros de texto, la enseñanza de la informática y las nuevas tecnologías de la comunicación, y otros asuntos parecidos, todos ellos muy respetables y dignos de alcanzarse, pero que deberían ir unidos a otros de mayor envergadura.

Otros temas de preocupación, que aparecen frecuentemente recogidos en los medios de comunicación, se refieren a la distribución y la carga horaria de las materias, que da lugar a encendidas polémicas acerca de la importancia de la historia del arte, el latín, las humanidades, o la filosofía, detrás de las cuales podemos ver los intereses corporativos de los profesores que las imparten. Mientras tanto, los nacionalistas se preocupan por el porcentaje del currículum sobre el que pueden decidir, posiblemente con la esperanza de proporcionar una educación más parroquiana, menos universal, y aumentar la clientela potencial de votantes.

Pero poco o nada se habla de las cuestiones de fondo, como cambiar la organización de la escuela, variar las formas de trabajo, promover la autonomía de los centros, dar a los profesores un papel más protagonista y activo, contribuir a que los alumnos se conviertan en personas autónomas. Otros proponen soluciones completamente voluntaristas para los problemas como insistir en que es necesario fomentar el esfuerzo de los alumnos, asunto que quieren resolver aumentando el número o la dureza de los exámenes[7].

---

[7] Las violentas polémicas, acompañadas de multitudinarias manifestaciones callejeras, que se han producido durante la discusión parlamentaria de la Ley Orgánica de Educación (LOE) en España a finales del año 2005, promovidas sobre todo por el partido de derechas, y las fuerzas sociales más reaccionarias, han tenido como temas principales la enseñanza de la religión en las escuelas y la libre elección de colegio por los padres. Ambos asuntos no guardan ninguna relación con la calidad educativa, y por el contrario lo que encubren es la defensa de intereses económicos e ideológicos particulares. En un caso, el mantenimiento del poder ideológico de la Iglesia católica en la educación (y los consiguientes beneficios económicos que eso proporciona ya que es financiada por el Estado). En el otro, la financiación de los colegios privados concertados, defendidos con saña por la derecha, colegios que tratan de evitar la admisión de alumnos difíciles, como los inmigrantes, a pesar de estar sufragados por el Estado. En definitiva dos asuntos relacionados con la defensa de intereses económicos particulares, pero que se enmascaran presentándolos como si estuviera en juego un atentado contra la libertad.

Aunque todo el mundo considera que tiene ideas suficientes en el ámbito educativo, la educación es un fenómeno más complejo que lo que nos permite entender el sentido común, y por ello las respuestas que se dan a estos problemas se suelen mantener en un nivel excesivamente elemental.

Los fines de la educación

El primer asunto que hay que considerar para cambiar la educación son los fines que queremos alcanzar mediante ella. Desgraciadamente esos fines no van siempre en la misma dirección, y los distintos actores y participantes tienen expectativas diversas acerca de lo que se debería alcanzar mediante la educación obligatoria.

Dado que la escuela es una institución básica en la vida social, no es extraño que en ella se encuentren confrontados intereses distintos y que los fines que se atribuyen a la escuela por los diferentes actores implicados sean muy distintos, lo que la convierte en un lugar de tensiones. Lo que complica más las cosas es que esos fines no se hacen explícitos, y frecuentemente lo que se presenta como los objetivos de la educación resulta algo tan general y abstracto que se presta a muy diferentes lecturas, como cuando se habla de formar ciudadanos racionales y responsables.

Los *alumnos* que llegan a la escuela se encuentran por primera vez inmersos en una institución social y lo que desean es vivir, compartir sus experiencias con otros, relacionarse socialmente y aprender sobre el mundo que les rodea, todo ello disfrutando lo más posible. En la institución van a descubrir un mundo distinto del de la familia, un mundo en el que existe otro tipo de relaciones. Comenzarán necesitando protección y amor como los que deberían tener en la familia, para irse haciendo cada vez más independientes. Aprenderán a conocer a los otros y a relacionarse con ellos cooperando y compitiendo. El que llega a la escuela siendo un niño dependiente debería salir convertido en un ciudadano autónomo. Va a aprender a relacionarse con otros adultos, a los que en principio no conoce, con sus compañeros de edad y con otros niños mayores y menores.

Probablemente los alumnos lo que desean es un lugar donde poder convivir con compañeros de su misma edad y pasarlo bien realizando actividades interesantes. Para los más pequeños ése es probablemente un objetivo que puede alcanzarse y, por ello, muchos se divierten en la escuela. Pero a medida que se aproximan a la adolescencia, se dan cuenta de que lo que se les enseña no responde a sus intereses, muchos no entienden lo que se les trata de transmitir, y tienen dificultades para reproducirlo. Por ello, se aburren profundamente en las clases. Su relación con los adultos ha cambiado mucho ante la de tiempos pasados, y ya no experimentan el respeto que existía antes. Entonces, los alumnos pueden ver a los adultos como sus enemigos, y se producen actos de violencia: contra los propios compañeros, contra los profesores, y contra las instalaciones escolares que, aunque son esporádicos, no dejan de crecer.

Para los *padres*, la escuela cumple una función primordial de guardar a sus hijos mientras ellos trabajan, pero también esperan que los conviertan en personas respetuosas, colaboradoras y sociables. Desde el punto de vista intelectual, esperan que adquieran conocimientos y capacidades básicas que les serán útiles en el futuro. Pero lo que más les importa es que no den problemas y que obtengan buenos resultados escolares porque eso es lo que les garantizará permanecer dentro del sistema educativo de forma adecuada.

Sabemos que el nivel educativo, cultural y económico de los padres tiene una enorme incidencia sobre los resultados académicos de sus hijos, y los sociólogos de la educación han insistido desde hace mucho tiempo en el carácter reproductor que tiene la escuela, ya que los que triunfan en ella son mayoritariamente los que provienen de medios más afines a la cultura escolar, por ejemplo familias en las que se lee y se presta atención a los problemas intelectuales de los niños[8].

Los *profesores* esperan que sus alumnos aprendan y reproduzcan lo que les están transmitiendo, al mismo tiempo que no les den demasiado trabajo, para que puedan desempeñar su función de una manera tranquila, por lo que deben ser obedientes. Consideran que su función no es suficientemente reconocida y que los alumnos no les respetan como debieran. Su ideal sería que los alumnos aprendieran todo lo que les enseñan y que se portaran bien, evitando todos los problemas de disciplina. Como la actividad se va haciendo cada vez más ingrata, luchan por tener mejores horarios, reducir el número de horas de trabajo y agruparlas (la jornada continuada).

Desde el punto de vista de la *Administración*, el objetivo primordial es que no se produzcan conflictos, ni con padres, ni con profesores, ni con los propios alumnos, y, por supuesto, con otras instituciones como la Iglesia, cuya larga mano se hace sentir siempre en la escuela, y que se preocupa mucho menos de la educación que de hacer prosélitos. Aunque entre los objetivos explícitos está la formación de individuos racionales, en la práctica se desearía que la labor de adoctrinamiento fuera mucho más eficaz, y que salieran, sobre todo, individuos sumisos y complacientes con el poder político. Esto lleva entonces a conflictos entre las diferentes administraciones, que difieren en el tipo de adoctrinamiento que querrían realizar sobre los alumnos. Muchas Administraciones Autonómicas tratan de promover a través de la escuela el desarrollo de la conciencia nacional de su comunidad, mientras que la Administración Central defiende la formación de la conciencia nacional unitaria correspondiente a todo el Estado[9].

---

[8] En España, dado que el nivel educativo y cultural de los adultos que se criaron en la época de atraso económico y régimen dictatorial es más bajo que el de otros países de nuestro entorno, es normal que eso tenga una incidencia sobre los resultados de una parte de los escolares.

[9] Esto está en la base de lo que se llamó el *conflicto de las humanidades* aparentemente un intento de fomentar la educación humanista. Como a menudo sucede en la escuela, los problemas se plantean de una manera suficientemente confusa para que no se vean claros cuáles son los auténticos objetivos que cada actor persigue. Así se mezcla el problema de la enseñanza de la historia con el problema de las "dos culturas", del peso de la enseñanza científica y de las

Por otra parte, los *empresarios* y los responsables del sistema productivo querrían que en las escuelas se formaran trabajadores eficaces, que pudieran adaptarse fácilmente a las múltiples tareas que van a tener que realizar, y que sean capaces de adquirir fácilmente la formación específica que tendrán que recibir en el puesto de trabajo. Frecuentemente se señala que el desarrollo económico sólo puede producirse cuando se dispone de un capital humano adecuado, y que la formación insuficiente de los trabajadores es uno de los mayores lastres para aumentar la productividad económica.

De este modo, la sociedad plantea unas demandas de formación que están dictadas, sobre todo, por la futura inserción en la vida laboral. En definitiva, parece que lo que más influye en la educación son las exigencias del sistema productivo, más que las del sistema social y político, de tal manera que todo lo referente a la formación ciudadana queda muy en segundo plano.

Así pues, la orientación de la educación siempre ha estado dividida entre atender a diversos fines de desigual importancia. Uno de ellos y primordial es mantener a los niños ocupados e impedir que anden libremente por la calle, lo que daría lugar a conductas antisociales, y ésta es una de las razones primordiales por las que se generalizó la escuela en los comienzos de la educación obligatoria (DELVAL, 1990). Pero también surgió para formar buenos ciudadanos e integrarlos socialmente. Por eso está dividida entre ocuparse de la formación social y moral, o prestar una atención importante a la adquisición de los conocimientos.

En algunos momentos una preocupación primordial de los responsables educativos ha sido que los alumnos no terminen la escolarización obligatoria sin haber adquirido los rudimentos del saber científico, a pesar de la enorme cantidad de conocimientos que se enseñan en la escuela y que componen los programas escolares. Por tanto, existe una enorme desproporción entre lo que se enseña y lo que se aprende, lo que ha llevado a plantear la elaboración de nuevos programas para la enseñanza del conocimiento científico más adaptados a las capacidades de los sujetos, más interesantes y que puedan ser asimilados [10].

---

humanidades. Muchas de las Administraciones Autonómicas promueven una enseñanza de la geografía y de la historia muy localista, mientras que la Administración central propugna una enseñanza más general basada en la historia común del Estado. En mi opinión, todo nacionalismo es un peligro, que sólo ha contribuido a promover guerras y conflictos entre los pueblos, primordialmente en beneficio de los que tienen el poder o tratan de conseguirlo, del que siempre las víctimas son los ciudadanos, que suelen seguir igualmente oprimidos sea quien sea quien los gobierne. Pero el nacionalismo es una buena palanca para conseguir y mantener el poder, de la que cada cual trata de servirse. El otro aspecto referente al peso relativo de unas materias frente a otras tiene una importancia mucho menor (aunque dé lugar a disputas corporativas para ver quién consigue más horas en los programas). El problema importante es el de cómo habría que proceder para intentar que los individuos sean capaces de analizar la realidad con su propia mente y convertirse en individuos autónomos, es decir, seres que piensan y actúan de acuerdo con sus propias convicciones, pero teniendo en cuenta las de los demás.

[10] Esto es lo que se produjo en los Estados Unidos al final de los años cincuenta, como reacción ante el lanzamiento por los rusos del primer satélite artificial, el *Sputnik*, que provocó una gran conmoción nacional acerca de la formación científica de la población y condujo a la elaboración de nuevos programas de ciencias de la naturaleza y sociales.

Sin embargo, esos programas no tuvieron el éxito que se esperaba, y a medida que cambiaban los tiempos y las preocupaciones sociales, los esfuerzos educativos se orientaron por otros caminos. Se puede observar que, en los períodos de crisis social y económica, la escuela tiende a volcarse en los problemas de integración social y de formación moral y cívica, mientras que en los momentos de tranquilidad social y bienestar las preocupaciones se dirigen hacia el aprendizaje de los contenidos científicos.

El dilema entonces está entre privilegiar la enseñanza de contenidos o integrar en la vida y formar personas. Esta dualidad de objetivos se plantea siempre y aparece periódicamente en las polémicas acerca de cuáles son los fines de la escuela.

Por qué los alumnos no quieren estudiar

Las razones probablemente son múltiples, y el resultado es producto de una combinación de todas ellas. Quizá la primera que se podría mencionar es que el trabajo escolar resulta extremadamente tedioso para una parte de los alumnos, pues no responde a sus expectativas ni a sus intereses. No se les enseña lo que les interesa, ni tampoco de forma que pueda atraerles.

Pero además, muchos se sienten mal en la escuela, se encuentran maltratados o poco atendidos por profesores, y algunos tienen dificultades para integrarse con sus compañeros, como se manifiesta en ese fenómeno cada vez más visible del maltrato entre iguales.

Las actitudes y expectativas del profesor hacia los alumnos determinan poderosamente cuál es su aprendizaje, como mostró el famoso y polémico experimento denominado *Pigmalión en la escuela* (ROSENTHAL y JACOBSON, 1968). Estos autores llevaron a cabo una experiencia que ha sido muy comentada y discutida. Al comienzo del curso comunicaron a un grupo de profesores que observarían una mejora significativa en un grupo de alumnos. Según ellos, se basaban en unas pruebas psicológicas que habían realizado en el aula. Pero, en realidad, los alumnos habían sido seleccionados al azar. Al final del trimestre, los chicos y chicas con desarrollo supuestamente acelerado habían satisfecho las expectativas que se le habían transmitido al profesor: aquellos de los que más se esperaba habían tenido efectivamente un buen rendimiento. Pero además, otros alumnos que no habían sido seleccionados como con desarrollo acelerado, a pesar de sus avances, fueron considerados por los profesores como peores y éstos no tenían en cuenta sus resultados. En opinión de los autores, esto lo que pone de manifiesto es que las expectativas del profesor tienen una influencia considerable sobre los resultados de los estudiantes, con independencia de sus características. Los alumnos sobre los que se tenían expectativas favorables tendieron a mostrar avances; los alumnos estudiantes de los que no se esperaba que obtuvieran buenos resultados lograron peores calificaciones; y los alumnos que obtenían mejoras, independientemente de las expectativas de los profesores, no eran valorados de forma positiva[11]. Esto es lo que se ha denominado *el efecto Rosenthal*. Las profecías tienden a autocumplirse.

Los profesores deberían tener en cuenta las características de los distintos alumnos, y tratar de manifestar actitudes positivas hacia ellos, reforzándolos en su aprendizaje y en sus progresos sociales. No deberían tener un estándar único con respecto a todos los estudiantes, sino examinar los progresos de cada uno, lo que es capaz de hacer de acuerdo con sus propias capacidades. La actitud del profesor hacia el alumno, que frecuentemente es inconsciente y que suele depender de factores ajenos al rendimiento escolar, puede ejercer una gran influencia sobre los resultados que obtiene.

Muchas veces la falta de buenos resultados escolares y de éxito en la escuela se debe a que el alumno no tiene confianza en sí mismo y nadie se la proporciona. Los profesores le exigen como si tuvieran una única medida. Algunos alumnos consideran que no pueden realizar la tarea escolar, que es demasiado para ellos. Muchas veces se debe a que no son capaces de organizarse, unido a que no ven sentido a lo que hacen.

Es muy frecuente, además, que los padres no sean capaces de acompañar el proceso de aprendizaje de sus hijos, sino que lo que principalmente les preocupa son los resultados. Si las notas son buenas todo va bien, pero si son malas, aparecen las críticas y los reproches continuos. Frecuentemente los padres transmiten su inseguridad a sus hijos. "Este niño no sirve para nada, es un vago, podría hacer mucho más de lo que hace, no se esfuerza". Generalmente los padres no suelen tener tantas dudas acerca de la capacidad intelectual de sus hijos o hijas como de su disposición hacia el trabajo. Piensan que su hijo tiene capacidad suficiente para hacer las cosas pero se empeña en no hacerlas, y lo que no se plantean es por qué sucede esto, simplemente piensan que es por fastidiarles o porque no quieren esforzarse de ninguna manera.

La machacona repetición de que tienen que trabajar más, y un sistema de premios y castigos muy mal administrado, conducen a resultados contrarios a los esperados, a aumentar la aversión de los hijos hacia el trabajo. Esto es algo que se podría mejorar con la escuela para padres, a través de la cual se les pueden proporcionar algunos conocimientos simples, pero que quizá sean muy efectivos, sobre el desarrollo y las necesidades de sus hijos.

El niño se compara continuamente con sus compañeros, y los adultos no se privan tampoco de hacerlo. "Mira a fulanito, deberías aprender de él". Pero los alumnos no necesitan ese tipo de comparaciones negativas, sino que, por el contrario, precisan que se les estimule para hacer y aprender más a partir de lo que ellos mismos son capaces de realizar. No hay nada más negativo

---

[11] ROSENTHAL y JACOBSON mostraron que este efecto se producía incluso con psicólogos experimentales que trabajaban con ratas. Las que habían sido calificadas como más inteligentes aprendían a recorrer un laberinto con mayor rapidez. Los autores señalaban que si los experimentadores esperaban mejores actuaciones de sus ratas las trataban con más cuidado, las acariciaban con más frecuencia.

para un alumno que sufrir continuamente las comparaciones con otros compañeros que tienen mejor rendimiento que él, o que los padres establezcan esas comparaciones entre hermanos. Cada niño tiene unas características y un ritmo de desarrollo propio. Pero es una tentación en la que es fácil caer y que conviene evitar.

La situación de los adolescentes

¿Cuál es la situación en la que se encuentran los alumnos en los centros escolares sobre todo cuando llegan a la adolescencia? Me refiero a esos estudiantes que empiezan la enseñanza secundaria, con las variaciones que esto supone, y que además están experimentando también los cambios propios de la pubertad y la adolescencia. Los padres se encuentran desconcertados porque frecuentemente observan en sus hijos un cambio de actitud frente a la escuela y mucha más rebeldía. El tránsito de la enseñanza primaria a la enseñanza secundaria no resulta fácil, y los profesores frecuentemente no se dan cuenta de esas dificultades que tienen los alumnos. Las exigencias propias del sistema educativo parecen imponerse sobre las necesidades de los alumnos.

Muchos estudiantes se aburren con las enseñanzas escolares; no consiguen interesarse por problemas que tienen poco que ver con sus necesidades inmediatas y mucho más en ese momento en que están empezando a descubrir, desde una perspectiva nueva, el mundo social y el mundo de las relaciones interpersonales. Están abriéndose a nuevas perspectivas sobre la amistad, quizá descubriendo el amor y adquiriendo una nueva autonomía. Empiezan a sentirse adultos, sin serlo todavía, y se encuentran en un período de su vida particularmente vulnerable. En una palabra, todo lo que supone los comienzos de la entrada en la vida adulta.

A esto se une el que ya no resulta suficiente, como en épocas pasadas, que los profesores o los padres traten de imponer su autoridad. Los muchachos y muchachas actuales se han vuelto mucho más contestatarios por cambios que se han producido en la sociedad global, y el hecho de ser obediente ha perdido mucho de su valor. La vida ofrece muchas más cosas que antes, muchas más posibilidades de distracción y de consumo, y la escuela permanece ajena a todo eso. Se puede estar jugando con la consola, con el ordenador, viendo la televisión, o hablando por teléfono con amigos, mientras que las áridas materias escolares proporcionan muchas menos satisfacciones.

La crisis de los alumnos ante la enseñanza no es un fenómeno nuevo: siempre han existido los alumnos que, en un determinado momento, manifiestan que quieren dejar de estudiar, porque estudiar, sobre todo cosas que no resultan inmediatamente interesantes, es algo duro. Pero este problema adquiere nuevas formas porque ahora los alumnos son capaces de expresarlo de una manera mucho más directa y abierta, y no tienen miedo a la reacción de los mayores.

Los profesores se encuentran también desconcertados porque no han sido preparados para la tarea con la que se enfrentan. Durante su período de formación, se les insistió principalmente sobre los contenidos que tenían que transmitir y sobre cómo enseñarlos, pero se daba por supuesto que iban a enseñar a alumnos que querían aprender o que al menos estaban dispuestos a hacer lo que se les mandaba. Todo esto ha cambiado de forma radical desde que a la escuela asisten todos los jóvenes en edad de hacerlo, y no se les permite que abandonen.

Resulta extremadamente difícil enseñar a alguien que no quiere aprender. Esto se puede conseguir mediante la creación de una motivación extrínseca o intrínseca. La motivación extrínseca se puede basar en el miedo a la autoridad o en recibir refuerzos externos, premios por el trabajo que se realiza. La motivación intrínseca puede consistir en tratar de interesar al alumno en lo que está aprendiendo. Pero esto resulta bastante ajeno a los profesores y no saben cómo hacerlo. Hay unos que tienen una mayor capacidad para realizar estas tareas, quizá porque son más capaces de ponerse en la perspectiva del otro, en la perspectiva del alumno y empatizar con ellos. Pero otros parece que tienen orejeras y sólo son capaces de mirar hacia adelante en su propia línea: desarrollar el programa, terminar la materia. Por esto resultaría muy importante que los profesores fueran capaces de cambiar de punto de vista, y ver las cosas desde la perspectiva del alumno, lo cual no supone adoptarla, sino simplemente entenderla para actuar a partir de ella.

No todos los alumnos manifiestan esa actitud de rebeldía y de resistencia frente a la enseñanza. Pero esto hace todavía más difícil la tarea del profesor, que tiene que ocuparse de todos sus alumnos, de un grupo de 20 o de 25 (cuando no son más), y que no se puede ocupar especialmente de los 5 o 10 que muestran más resistencia y que, sin embargo, consiguen alterar el ritmo general de la clase.

El resultado es que algunos alumnos obtienen malas notas, que los profesores se quejan ante los padres de las faltas de disciplina de sus hijos y que les dicen, implícita o explícitamente, que no los están educando de un modo adecuado, y que la escuela no puede suplir lo que no se hace en la casa. Entonces se inicia una pugna entre padres y profesores cuyos resultados no son nada beneficiosos ni para ellos ni para los alumnos. Padres y profesores se echan recíprocamente las culpas de la falta de rendimiento o de disciplina de los alumnos, y esto refuerza la conducta anómica de éstos. Con frecuencia, los padres ponen en cuestión las actuaciones de los docentes y les quitan la poca autoridad que les queda ante los ojos de los alumnos, lo cual no contribuye a mejorar las cosas, sino sólo para empeorarlas.

Los padres, por su lado, no saben qué hacer con sus hijos, pues no están preparados para ello. La situación social ha cambiado mucho desde que ellos eran los hijos, cuando la autoridad de los padres era mucho más indiscutida, y las necesidades económicas mucho más acuciantes. Actualmente los hijos se han convertido en un bien escaso que exige cuantiosas grandes inversiones, las familias son poco numerosas y hay pocos hermanos con los que compartir las actividades. Junto a ello, los padres disponen de mucho menos tiempo que antes y no tienen conocimientos ni ganas para ayudarles en las tareas escolares, cuando llegan cansados a casa.

Así pues, ninguno de los actores consigue entenderse plenamente con los otros. Los *alumnos* no se sienten comprendidos ni por sus padres ni por sus profesores y se ven obligados a realizar tareas a las que no encuentran ningún sentido, mientras que el mundo que les rodea resulta mucho más atractivo, y parece que la vida ofrece muchas más cosas interesantes para hacer que estudiar las materias escolares. Los profesores además son vistos como enemigos con poco prestigio cuyas acciones, que tienen la impresión de que están orientadas a fastidiarles, se tratan de esquivar.

Frecuentemente los alumnos que plantean graves problemas escolares pueden tener también otros problemas de integración que se refieren a lo que sucede en el exterior de la escuela y, en este caso, es necesario prestar una atención individualizada a esos problemas y quizá requiere una actuación fuera de la escuela por medio de la intervención de asistentes sociales. Pero, por lo general, los profesores no consideran que eso forme parte de su tarea. En este período de la vida los alumnos necesitan una atención muy personalizada que el profesor no siempre les puede proporcionar.

En definitiva, los *padres* no saben cómo actuar con sus hijos y no son capaces de establecer una disciplina racional. Imponen castigos que luego no mantienen, al mismo tiempo que se encuentran muy preocupados porque sus actuaciones puedan tener efectos negativos a largo plazo sobre sus vástagos. Pero la conducta de sus hijos les resulta tan extraña que muchas veces no son capaces de percibir las alteraciones que se producen en ella y se sienten incapaces de hablar con ellos y de tratarles como seres racionales con los que se puede dialogar y negociar. Por eso, los padres suelen ser los últimos que se dan cuenta de que su hijo/a está en peligro de caer en conductas antisociales o de riesgo como el consumo de drogas o la violencia. Al mismo tiempo no tienen la confianza que existía antes respecto a las actuaciones de los profesores, a los que ya no ven ni como figuras de autoridad ni como depositarios del conocimiento, por lo cual frecuentemente les critican ante los hijos y adoptan la perspectiva de éstos, con lo cual contribuye a disminuir todavía más su autoridad.

Los *profesores* tampoco son capaces de situarse en la perspectiva de sus alumnos y están mucho más preocupados por cumplir los objetivos determinados de la enseñanza, por explicar los programas, que por la felicidad y el bienestar de sus alumnos, porque no han recibido la preparación necesaria para ello. Les resulta muy difícil situarse en la perspectiva de los alumnos e intentar hacer más atractivas sus enseñanzas, para lo cual tendrían que modificar toda su forma de actuación y de organizar la clase. Igualmente les preocupa que los padres interfieran en sus actividades y se pongan de parte de sus hijos cuando toman alguna medida disciplinaria frente a ellos. Los reciben entonces muy coartados en su acción, preocupados porque las medidas disciplinarias que puedan tomar frente a los alumnos se vuelvan contra ellos y les causen problemas. Esto no quiere decir que no puedan equivocarse en esas medidas disciplinarias, pero tampoco tienen la formación suficiente para saber qué es lo que deberían hacer.

Así pues, cuando cada cual está asentado en su propio punto de vista y tiene dificultades para situarse en la perspectiva del otro, el entendimiento resulta difícil. Probablemente sería conveniente que existieran *mediadores*, es decir personas que, cuando se produce un conflicto, ayudaran a ver las cosas desde otra perspectiva y a encontrar soluciones negociadas y racionales.

CAPÍTULO II

La organización social de la escuela

Si miramos la escuela desde fuera con una mirada superficial, podemos llegar a pensar que todo lo importante que acontece en ella tiene lugar en las aulas, donde el profesor enseña a los alumnos el contenido de los programas escolares, para lo cual utiliza distintas estrategias: explica, hace preguntas, encarga trabajos… Pero siempre es él quien marca el ritmo, aunque en parte ya está determinado por la distribución horaria de las materias.

"¿A qué es igual el cuadrado de la hipotenusa?" "¿Qué medidas políticas más importantes tomaron los Reyes Católicos?" "¿Cuáles son las principales diferencias entre el románico y el gótico?" "¿Cómo se define un municipio?"

Sus comentarios son con frecuencia críticos: "No has traído resueltos los problemas que pusimos ayer". "Escribes con una letra que no consigue entenderla nadie". "Nunca te enteras de lo que estamos hablando".

Pero, ¿es suficiente que los profesores se limiten a transmitir conocimientos, a controlar el aprendizaje de sus alumnos y a mantener el orden en la clase, o su actuación debería ir más allá?

En el aula de la escuela tradicional, el maestro es el punto de referencia de las actividades que se realizan. Allí los alumnos de un mismo grupo se reúnen con el profesor para escuchar sus explicaciones o realizar las tareas que distribuye entre ellos. Los alumnos se sientan en pupitres mirando hacia el profesor y hacia la pizarra donde escribe sus explicaciones. En muchas escuelas se ha cambiado ya el sistema de bancos fijos por sillas y mesas, lo que permite realizar en algunas ocasiones otros tipos de agrupamiento. Pero el profesor dirige todo lo que sucede: imparte los conocimientos, mantiene el orden, suministra premios y castigos y, en definitiva, representa la autoridad. Frente a él hay un grupo de alumnos que le escuchan, obedecen y aprenden. Todo está dirigido hacia el profesor que es el punto de referencia en el aula frente a los alumnos. Las funciones de cada uno están claramente diferenciadas e incluso enfrentadas. El profesor sabe, los alumnos ignoran; el profesor establece el orden, los alumnos son indisciplinados, se distraen, hablan, piensan en otras cosas; la tarea del maestro consiste en llenar su cabeza de conocimientos, a lo que los alumnos parece que se resisten, y en hacerles dóciles, que se mantengan sentados y atiendan a la actividad conjunta.

Las relaciones entre alumnos tienen poca importancia en el interior del aula y no son deseables, pues sólo contribuyen a que se distraigan y a que pierdan el ritmo de la clase.

Sin embargo, además de esa actividad que se realiza en las aulas y que está controlada por los adultos, hay otro mundo social que se desarrolla cuando los alumnos consiguen interactuar entre ellos, como por ejemplo durante los recreos y quizá también en el comedor. En esas circunstancias, los jóvenes se organizan por sí mismos y funcionan con reglas muy distintas de las que existen en la clase. Forman grupos, establecen jerarquías, y manifiestan sus afinidades y sus rechazos.

Muchas veces cooperan intensamente, entablan amistades, pero también es frecuente que sean crueles y que algunos se vean rechazados por sus compañeros. Unos desempeñan la función de líderes en el grupo, otros son los seguidores, y algunos sufren los ataques y las burlas de los demás o, lo que es todavía peor, se ven marginados por completo. Esas manifestaciones de crueldad no son simplemente una expresión de la maldad de ciertos alumnos. Muchas veces son tan sólo el resultado de una combinación entre las disputas por la jerarquía y el poder, unidas a la dificultad para situarse en la perspectiva del otro. Como sucede en todos los mamíferos sociales, cada uno intenta ocupar el mejor lugar en la jerarquía, y, para ello, compiten por el poder con los medios de los que disponen. Sentirse superior es algo que todos buscamos de alguna manera.

Así pues, en los recreos las cosas cambian, se recuperan las relaciones normales entre niños, se coopera y se compite, pero se hacen las cosas juntos. Los juegos constituyen un entrenamiento social de gran importancia, pues en ellos prueban sus habilidades, se establece una jerarquía social y aprenden mucho sobre las relaciones humanas. En el aula, la tarea es individual y el sistema espera que cada uno haga las cosas bien y mejor que los otros[1]. En el aula los otros existen fundamentalmente como competidores. Eso es lo que está implícito en lo que el maestro transmite. ¿Para qué prepara esto? Sin duda no para una sociedad democrática sino para una sociedad ferozmente individualista, jerarquizada.

Sin embargo, fuera del aula los niños interaccionan fuertemente, se ayudan, se enseñan y aprenden mucho unos de otros. Una explicación, una afirmación de un niño puede generar un gran impacto en un compañero, que tratará de contrastar esa información preguntando a su padre o a alguna persona de confianza. En muchas sociedades, en las que no existe la organiza-

---

[1] Existía antes la costumbre en muchas escuelas de ordenar a los alumnos por su rendimiento y se les cambiaba de orden cuando variaban sus notas. Afortunadamente está en desaparición.

ción de la nuestra, la mayoría de las cosas se aprenden dentro de la sociedad infantil en contacto con compañeros mayores.

También se ha comprobado en numerosos experimentos que los niños, dentro de una situación escolar que lo permita, pueden aprender mucho de sus compañeros. Algunos psicólogos (los defensores de la llamada "teoría del conflicto socio-cognitivo", como MUGNY, DOISE, etc.) sostienen que una parte esencial del progreso psicológico se realiza en el contraste con las opiniones de los otros. Incluso que los compañeros que están en el mismo nivel que el niño, o ligeramente más avanzados, son los que mejores conflictos pueden plantearle. Cuando la distancia entre el sistema cognitivo de dos sujetos es muy grande, puede producirse una incomprensión entre ellos pues lo que el más avanzado dice puede resultar incomprensible para el otro. Por el contrario, cuando la distancia es pequeña el más avanzado puede plantear contradicciones que lleven adelante al otro. O las afirmaciones del más atrasado pueden dar lugar a comentarios y observaciones por parte del más avanzado que obliguen al primero a avanzar. En definitiva, parece muy aconsejable que niños y niñas cooperen entre sí dentro del aula y se enseñen unos a otros. Los conflictos que necesariamente se producen se solventan de acuerdo con sus propias reglas, y el profesor ni siquiera llegará a enterarse de muchas de las cosas que acontecen en la dinámica del grupo, aunque tengan unas consecuencias importantes para el funcionamiento en el interior del aula y para el clima social que existe dentro de ella.

La organización social del aula

La organización centrada en el maestro tiene profundas implicaciones para el aprendizaje y para la formación de los niños, y es muy reveladora de cómo se entiende la función de la escuela. El adulto es el modelo y el centro, por lo que todas las relaciones pasan por él. Posiblemente corresponde a un modelo de sociedad jerárquico que era el único que existía en otras épocas cuando el soberano, que había recibido directamente su poder de Dios, gobernaba de forma absoluta, dictaba las leyes, y administraba premios y castigos. Pero esto queda muy lejos de las aspiraciones democráticas actuales. Creo que resulta bastante claro que ese tipo de organización no constituye la mejor preparación para vivir en una sociedad democrática.

En el sistema actual de organización de las escuelas, en cada clase todos los niños tienen aproximadamente la misma edad y están en el mismo grado. Este sistema de organización es relativamente nuevo, y no parece necesariamente el mejor. En la escuela de otras épocas compartían la misma aula alumnos de características diferentes que, bien podían tener un grado de conocimientos semejante en el tema que se tratara (lectura, números, etc.) pero distintas edades, o bien podían coincidir niños de edades y conocimientos diferentes, como sucedía en las escuelas unitarias, que todavía existen en muchos países. En esas situaciones, lo que a veces hacían los maestros era emplear a los más avanzados para enseñar a los pequeños o más retrasados. Pero estas prácticas se han ido desechando por considerarlas inadecuadas. Sin embargo, esos sistemas de cooperación de los niños en las tareas de enseñanza pueden tener mucho valor.

La realidad con la que tenemos que contar es —lo queramos o no, seamos conscientes de ello o lo ignoremos— que el aula es algo más que un cierto número de alumnos con un profesor, y más que la suma de cada uno de esos elementos. En el aula se forman muy variadas relaciones sociales, y la organización del trabajo dentro de ella puede facilitar o dificultar el desarrollo de esas relaciones. Además, la actividad dentro del aula está muy determinada por el ambiente social que existe en ella. Hay interesantes fenómenos sociales, fenómenos de relación entre los individuos que forman grupos, alianzas, que tienen amistades y enemistades, que se enfrentan entre sí y cooperan, lo que necesariamente lleva a que se produzcan conflictos.

El control social por los alumnos

Uno de los objetivos primordiales que debe alcanzar la educación es conseguir que los alumnos se vayan haciendo cada vez más autónomos, asumiendo un mayor número de responsabilidades. Si la mayor parte de las responsabilidades recaen en el profesor, lo esperable es que los alumnos estén a la expectativa de lo que se les dice que tienen que hacer, que adopten un papel pasivo y posiblemente también que traten de sustraerse en la medida de lo posible ante las actividades trabajosas.

Hay muchas experiencias realizadas a partir de los famosos trabajos de Kurt LEWIN (LEWIN, LIPPITT y WHITE, 1939) en las que se mostró experimentalmente cómo funcionan los grupos. Un grupo autoritario, es decir, en el que las actividades están reguladas por un líder que dice en cada momento lo que hay que hacer, funciona en tanto que el líder está presente. El líder autoritario dicta en cada momento la actuación del grupo, y nunca pide sugerencias sobre las actividades que van a realizarse y que controla totalmente. En un grupo democrático, en el que el líder pide sugerencias sobre las actividades, y las decisiones se toman mediante reglas establecidas por todos, las cosas tienden a funcionar bien, aunque sea necesario dedicar tiempo a conseguir que las cosas se organicen. Un grupo anómico (*laissez-faire*), en el que apenas hay normas que regulen las actividades y nadie dirige, tiende a funcionar mal. Los miembros de un grupo democrático tienden a estar más satisfechos con las actividades que los que forman parte de un grupo dirigido de forma autoritaria. Los diferentes modos de funcionamiento del grupo dan lugar también a la creación de atmósferas diferentes y resultan menos facilitadoras del trabajo en el grupo autoritario.

En la escuela, en la familia y en la vida resulta fundamental procurar que los alumnos se vayan haciendo cada vez más autónomos, es decir que sean capaces de tomar decisiones por sí mismos. El profesor tiene que ir cediendo su autoridad al grupo de modo que sus miembros asuman progresivamente un mayor número de responsabilidades.

Por esto, el funcionamiento dentro de las aulas debería tender a modificarse para posibilitar una mayor participación a los alumnos. En la enseñanza es conveniente partir de problemas que se plantean los propios estudiantes para tratar de relacionarlos con los conceptos de las diferentes disciplinas. Por tanto, los alumnos deben tener iniciativas en cuanto a sugerir problemas, y son mucho más capaces de hacerlo cuando se acostumbran a ello. Sin duda se requiere un entrenamiento que debe iniciarse desde los comienzos de la escolarización.

Las normas

Todo ello tiene que realizarse siguiendo una serie de pasos, y aquí es donde nos vamos a encontrar sin duda con una dificultad en la adquisición de normas. La vida social está regulada por normas, y todos nosotros precisamos seguir esas normas, que son de distinto tipo. Entre las normas sociales están las *"convenciones"* sociales que establecen las formas de intercambio habitual entre los individuos, como las formas de saludo y cortesía, los hábitos en la mesa, las formas de vestir, todas esas normas que regulan las relaciones corrientes entre los individuos, que están muy ligadas a la cultura de que se trate, y que también se denominan costumbres.

Pero, además, están las normas *morales*, que regulan las relaciones entre los individuos en aspectos básicos de la convivencia como son los referentes a la libertad, los derechos, la justicia, y el bienestar de los otros. Esas normas son fundamentales para las interacciones sociales, y se espera que la escuela contribuya a crearlas, a practicarlas, y a que los alumnos las interioricen.

Los adultos tratan de implantar normas en los niños desde que son muy pequeños e insisten mucho en ellas. Sabemos también a través de múltiples estudios que los niños inicialmente respetan las normas por la autoridad que las dicta, es decir, que tienen una conducta "heterónoma", que se caracteriza porque el respeto a la norma se apoya en la autoridad y el miedo al castigo o la sanción. Pero de lo que se trata es de que esas normas se vayan interiorizando y los individuos se hagan más y más autónomos, es decir, que respeten las normas por ellas mismas sin necesidad de castigo ni de que la autoridad esté presente.

Esta evolución en la *forma de respeto a las normas* debe tener una influencia grande sobre la organización del funcionamiento del aula pues con los niños más pequeños el profesor tiene que establecer las normas y vigilar su cumplimiento, para que no se olviden que existe la norma y que debe respetarse. Pero, a medida que los alumnos van creciendo, es necesario que vayan entendiendo la función de las normas y que aprendan a respetarlas por ellas mismas, para que lleguen a hacerse autónomos. El castigo debe ser algo excepcional, y su función principal es la de recordar que la norma ha sido violada, como veremos en seguida. Por tanto, el profesor debe ir creando un espacio de participación de los sujetos cada vez mayor, y la función autoritaria del docente debe ir disminuyendo a medida que los alumnos van siendo mayores.

En la realización de las actividades debe darse un lugar importante a las decisiones que tomen los alumnos, y el profesor ha de evitar imponer de manera unilateral sus criterios; puede ser el que sugiere y propone pero no debe ser el que impone y decide. En todo caso, sus decisiones deben ir acompañadas siempre de una discusión y de una justificación, mostrando las razones y los porqués de lo que se va a hacer. Los alumnos por su parte deben acostumbrarse a tomar decisiones examinando diferentes puntos de vista y sopesando las razones y los argumentos de los otros.

Desde los primeros cursos, los alumnos deben acostumbrarse a tomar decisiones colectivas mediante procedimientos diversos. El aula debe tratarse como una sociedad y en ella puede ensayarse, mejor que en ningún otro sitio, la participación democrática. Los alumnos deben participar no sólo en los temas que se van a estudiar, sino cómo se van a estudiar, cuándo, con qué extensión, por qué método, en dónde; en una palabra, todos los problemas del aprendizaje se prestan a la toma de decisiones en común. Pero también los referentes al tiempo libre, a las distintas actividades extraescolares, se pueden decidir entre todos.

Gobernando su propia clase y reflexionando sobre cómo funciona es la mejor forma en que los niños pueden aprender acerca de los problemas sociales. En las actividades van a surgir *conflictos* que será necesario resolver. El profesor debe irse manteniendo cada vez más al margen para que los alumnos aumenten su capacidad de decisión. En la solución de los conflictos llegarán a entender que es necesario establecer compromisos (FURTH y McCONVILLE, 1981), puesto que generalmente no hay unos que tengan toda la razón y otros que no tengan ninguna, y así se termina por comprender que las soluciones autoritarias no sirven, y es necesario negociar, hacer cesiones mutuas. También se descubre la necesidad de normas explícitas que establezcan lo que puede y lo que no puede hacerse, y las formas que tiene el grupo para defenderse contra algunos individuos que no respetan las normas, pero también cómo se defienden los derechos de los individuos frente al grupo. Todo este aprendizaje puede realizarse acostumbrándose a discutir los problemas de la organización de la vida cotidiana en el aula, y así se adquiere un conocimiento mejor y mucho más práctico que a través de tediosas explicaciones sobre las instituciones sociales[2].

---

    [2] Lo que sucede en la enseñanza de las ciencias sociales es enteramente paralelo a lo que sucede en las ciencias de la naturaleza. Ambos grupos de disciplinas se estudian con independencia de la práctica y de la actividad del sujeto. De la misma manera que las enseñanzas sobre óptica, por ejemplo, empiezan por definiciones y partiendo de conceptos de la ciencia, sin recurrir a las experiencias que el sujeto ha realizado o puede ir realizando, se produce la enseñanza del conocimiento sobre la sociedad. Se le habla de instituciones sociales, como los tribunales, el poder legislativo o el poder ejecutivo, sin empezar partiendo de su propia experiencia, y sin generar en la misma clase, que es un laboratorio social, experiencias sobre las cuales se pueda reflexionar y que permitan elevarse hacia conceptos más abstractos y generales.

   Los alumnos deben acostumbrarse a realizar *asambleas*, a tomar decisiones en ellas, a escuchar a los oradores, a examinar sus puntos de vista, a discutirlos, rebatirlos si es necesario, o buscar nuevos datos que los apoyen. Las asambleas, los órganos de gestión colectiva, no tienen que limitarse sólo al aula, sino que pueden existir igualmente en grupos menores y mayores. Puede haber asambleas de distintos niveles hasta llegar a la de toda la escuela, organizada con una normativa elaborada por los alumnos. Los principios de la organización democrática, el establecimiento de normas que regulan el funcionamiento de un colectivo, son un asunto interesante para trabajar dentro de la escuela, y un punto de partida riquísimo para la reflexión sobre la organización social y política. Por ello, no podemos dejar de insistir en que es mucho más interesante elaborar normas, discutirlas, examinar sus posibilidades de cumplimiento, la aplicación de sanciones a los que no cumplen, etc., que estudiar la Constitución como un texto muerto que no dice nada a los alumnos. Cuando el estudio de las normas sociales generales y de las leyes se realiza desde una cierta práctica y en relación con la propia organización en la que viven es mucho más fácil y mucho más sencillo de hacer que cuando se realiza completamente en el vacío, como generalmente sucede en la actualidad.

   En esa situación, el profesor debe ir tendiendo a convertirse en el asesor del grupo, alguien que tiene más experiencia y que facilita la tarea. Incluso pueden plantearse formas de organización de la escuela en las que la clase no exista o exista bajo formas muy especiales. En diversas escuelas se han ensayado desde hace mucho tiempo procedimientos en que los alumnos van de un taller a otro de acuerdo con sus apetencias (SUMMERHILL) o con un plan de trabajo establecido por otros pero que ellos administran (Plan Dalton) dentro de ciertos límites. Son prácticas razonables que tienen ventajas e inconvenientes, pero que no deben excluirse *a priori*.

   Igualmente conviene plantearse dentro de la ordenación de la escuela que pueda haber períodos temporales en que los alumnos tengan que realizar actividades y trabajos, pero que puedan elegir cuándo lo hacen, de tal modo que aprendan a *organizar su tiempo*, sin que esté tan estrictamente regulado como hoy día sucede en las escuelas. Tener que comprometerse a realizar una determinada tarea pero sin que esté fijado cuándo se hace contribuye también a hacer más responsables a los alumnos, y los casos de incumplimiento pueden analizarse en las asambleas colectivas. Hay que empezar poco a poco a distribuir las responsabilidades, y probablemente será necesario ayudar a algunos para que las asuman.

   Por otra parte, resulta igualmente muy conveniente para el trabajo que los alumnos se acostumbren a trabajar de diversas maneras y en distintas relaciones sociales de tal forma que sean capaces de hacer un trabajo individual, en pequeños grupos, o en un grupo grande. Por esto, los *agrupamientos* de los alumnos, tienen que ser *flexibles*. Unas veces trabajarán en parejas, otras en grupos de cinco o seis en torno a una misma mesa y otras la mitad de la clase realizará una tarea mientras que la otra hará otra diferente; en algunos casos trabajará todo el aula junta o escucharán la exposición de uno o varios alumnos; incluso en ciertas ocasiones los estudiantes de varias aulas se pueden agrupar para realizar una actividad conjunta. Todo dependerá del tipo de actividad que se plantee y de cómo se haga. Lo que resulta indispensable es que los alumnos se acostumbren a realizar un trabajo cooperativo.

Así pues, la organización social del aula y de la escuela tiene una importancia fundamental para la formación de los ciudadanos y para la comprensión del orden social, y se debe prestar una especial atención a todas estas cuestiones que la mayor parte de las escuelas actuales descuidan casi completamente.

Los conflictos interpersonales y sociales

Por mucha disciplina que quieran imponer los adultos en la escuela, resulta casi imposible que la vida social se desarrolle como en un cuartel. Tampoco sería deseable, y una escuela excesivamente organizada nos daría la impresión de un lugar muerto donde no se escucharan los gritos, las carreras y la vitalidad de los niños y jóvenes.

Aunque a veces se pretenda, no podemos pasar por alto los continuos conflictos que se producen dentro de la institución. Los conflictos constituyen un elemento consustancial e inevitable de la vida social. Siempre que hay dos personas, es esperable que surjan conflictos: uno quiere hacer una cosa y otro quiere hacer otra. Uno desea lo que el otro está usando en ese momento... Cualquier convivencia normal entre dos o más personas supone la existencia de conflictos, y los conflictos no deben negarse porque están ahí, y son inevitables, acontece como con la fuerza de la gravedad, que no la podemos suprimir, aunque queramos.

Pero, ¿qué es lo que sucede con los conflictos que cotidianamente se están produciendo en las escuelas?: el alumno que no atiende, el alumno que molesta a sus compañeros, el que quita el lápiz al otro, el que se come la comida de su compañero, el que insulta, el que le raya el coche al profesor, el que roba, el que copia en los exámenes, o el que pretende averiguar las preguntas que el profesor va a poner.

Todos esos son conflictos se están produciendo cada día, y no deberíamos tratar de ocultarlos o esconder la cabeza como un avestruz. ¿Pero qué es lo que sucede más habitualmente? Que los docentes tenemos terror a los conflictos, procuramos que no aparezcan, que no se manifiesten, y actuamos de una manera autoritaria, para tratar de que los conflictos no salgan a la superficie, y para tener que resolverlos. Muchos profesores consideran que llevan bien su clase cuando mantienen el orden, cuando los conflictos no se manifiestan, cuando todo parece hacia afuera una balsa de aceite.

Pero si los conflictos acompañan inexorablemente la vida social, que no afloren no quiere decir que no existan, a lo mejor no se manifiestan en ese momento, pero si no ocurren en el recreo, o a la salida del colegio, se producen en el momento en que no se está mirando lo que hacen los alumnos. Como mencionábamos antes, sabemos perfectamente a través de los estudios sobre estos temas que los grupos autoritarios funcionan bien cuando la autoridad está presente, pero en el momento en que desaparece, se produce el caos, mientras que los grupos democráticos funcionan bien dentro de su propia dinámica.

¿A que aspiramos en la escuela, a que se desarrollen en ella unos individuos que sean atentos, educados y respetuosos de las normas mientras estén vigilados por la autoridad, pero que sean crueles, abusen de los más débiles o cometan todo tipo de faltas cuando nadie les ve? Evidentemente si queremos prepararles para una vida democrática tenemos que procurar que los individuos sean responsables por sí mismos sin necesidad de que la autoridad esté presente[3].

Entonces los profesores deberíamos prestar una mayor atención a esos conflictos que están ahí, sin tratar de ocultarlos, sino todo lo contrario, haciéndolos explícitos, convirtiéndolos en objeto de reflexión dentro de la propia clase, preguntándonos ¿por qué se ha producido esto?, ¿por qué un alumno se comporta de una determinada manera?, ¿por qué realiza actividades que podemos considerar antisociales puesto que dañan el funcionamiento del grupo y dificultan el trabajo de los otros?

Reflexionar sobre este tipo de conductas es una fuente de aprendizaje muy importante para convertirse en un buen ciudadano, porque los alumnos tienen que aprender, a lo largo de su relación con otros en la escuela, a convivir con los demás y a resolver los conflictos mediante la *negociación* y no mediante la autoridad o la violencia. Lo que hay que aprender es que generalmente cuando se produce un conflicto no hay uno que tenga toda la razón y otro que no tenga ninguna, que es como tienden a ver el mundo los niños más pequeños, sino que puede haber partes de razón en cada una de las posiciones, y lo que hay que conseguir es aproximar las posiciones cediendo desde cada una de ellas en algunos aspectos.

A los niños pequeños les gustan mucho los cuentos maravillosos, los cuentos de hadas, en los que hay personajes que son buenos, buenísimos, y personajes que son malos, malísimos; unos que tienen toda la razón y otros que no tienen ninguna, y de lo que se trata es de premiar a los buenos y castigar a los malos. El lobo en Caperucita Roja es malo, y Caperucita es buena. Entonces la solución de esa situación consiste en eliminar al lobo, que es tan malo. Pero eso no es la vida real. En la vida real hay unos individuos que tienen una parte de razón, y otros que tienen otra parte de razón, aunque algunas de las razones puedan ser equivocadas, y lo que hay que hacer es aclarar las posiciones y moverlas hasta hallar un punto de encuentro. En eso debe

---

[3] Desgraciadamente la tendencia a pensar que los individuos sólo respetan las normas cuando son vigilados está muy arraigada en la sociedad y cada vez que se producen actos de violencia o infracciones muchas personas lo que reclaman inmediatamente es más policía, más vigilantes. Parece que aspiran a una sociedad en la que todos estemos permanentemente vigilados por una especie de Gran Hermano de Orwell para que no se cometan los delitos. Así muchos proponen que para disminuir el número de accidentes e infracciones de tráfico lo que hay que hacer es aumentar el número de policías en las carreteras.

consistir la vida social, y eso debería ser la política, aunque, por desgracia, tengamos que asistir continuamente a intentos de resolver los conflictos mediante la violencia, cuyo peor ejemplo son las guerras.

Los profesores estamos escasamente preparados para enfrentarnos con los conflictos que se producen entre y con nuestros alumnos, y por eso procuramos esquivarlos. Pero deberíamos tratar de proceder de otra manera abordando los conflictos directamente hasta conseguir que los alumnos tomen conciencia de ellos, reflexionen y propongan soluciones por ellos mismos. Esto proporciona un material sobre el que trabajar en el aula y el profesor debe ser claro y explícito, planteando las cosas directamente[4], sin tratar de engañar a sus alumnos. Aprender a lidiar con los conflictos es una práctica que escasamente entra a formar parte de la preparación de los profesores, pero que resulta fundamental para que puedan formar a sus estudiantes como ciudadanos.

Cuando se trabaja directamente sobre los conflictos, los alumnos llegan a mostrarse bastante razonables y a proponer soluciones realistas, soluciones que además tienen la virtud de que son producto de su propia reflexión y que contribuyen al desarrollo de su capacidad de negociación.

Ser diestro para negociar requiere la capacidad de ponerse en la mente de la otra persona, intentar entender las razones del otro para llegar a ese compromiso, y eso es algo difícil que supone un importante desarrollo cognitivo por lo que los pequeños no lo van a conseguir de entrada, pero los mayores sí, si les preparamos para ello, y les ayudamos a analizar las causas de sus conductas y sus motivaciones. Creo que éste es uno de los caminos para combatir la intolerancia y el fanatismo que consiste en creer que uno tiene toda la razón, toda la verdad, y los demás carecen de ella.

El maltrato entre iguales

La agresión es una forma de relación frecuente entre los seres humanos y aparece desde muy temprano. Podemos encontrar conductas agresivas en niños de la escuela infantil (RIGBY, 2002). Hay niños que parecen más propensos a manifestar conductas agresivas contra sus compañeros, y éste es un fenómeno que sin duda afecta la vida en las escuelas. Pero hay una forma de agresión que es muy específica del medio escolar.

---

[4] Telma VINHA presenta en su interesante estudio sobre la resolución de conflictos en el aula una multitud de situaciones de conflicto y ejemplos de malas formas de resolverlos. Por ejemplo, una profesora conseguía que sus alumnos de los primeros cursos de primaria se mantuvieran tranquilos cuando ella se ausentaba momentáneamente, y lo había conseguido diciéndoles que una lucecita roja que estaba encendida en la clase correspondía a una cámara de vídeo mediante la cual la directora veía todo lo que sucedía allí. En realidad la lucecita correspondía a un aparato de alarma. Pero con esa mentira conseguía que sus alumnos no alborotaran en exceso. Podemos imaginar los efectos que esto puede tener cuando los alumnos descubran que la profesora les estaba engañando.

Desde hace unos cuantos años aparecen recogidos, cada vez con mayor frecuencia y en los medios de comunicación de distintos países casos muy graves de acoso y maltrato por parte de algunos escolares sobre otros, que algunas veces tienen consecuencias muy graves, llegando hasta el suicidio de la víctima. Esos casos fueron recogidos ampliamente en la prensa en los países nórdicos durante los años setenta, y recientemente se ha producido algún caso en España. Por su carácter extremo, esas situaciones han llamado poderosamente la atención de la opinión pública.

Historias de maltrato entre iguales

OLWEUS recoge historias como las siguientes:

Johnny, un niño tranquilo de 13 años, fue un juguete de sus compañeros de clase durante dos años. Los adolescentes le importunaban para que les diera dinero, le obligaban a tragar hierbajos y a beber leche mezclada con detergente, le golpeaban en la sala de recreo y le ataban una cuerda al cuello, para sacarle a pasear como un "perrito". Cuando se preguntó a los torturadores de Johnny sobre sus intimidaciones, dijeron que perseguían a su víctima porque "era divertido".

El alumno Philip C. se vio abocado a la muerte por culpa de las intimidaciones y el acoso de que era objeto en el patio de la escuela. Se ahorcó, después de sufrir continuas amenazas, empujones y humillaciones que le infligían tres compañeros de clase. Al final, cuando a ese chico tímido de 16 años le robaron los apuntes para el examen, unos días antes de que éste tuviera lugar, ya no pudo resistir más. Tenía miedo de decírselo a sus padres, y Philip decidió morir. Al regresar a casa del colegio, se colgó con una cuerda de la puerta de su habitación.

(OLWEUS, 1993, págs. 23-24.)

Sin duda, no se trata de un fenómeno nuevo, pues los actos de agresión en las escuelas, y sobre todo la intimidación sistemática de algunos escolares por parte de otros, son hechos bien conocidos, que han sido recogidos en la literatura, en las memorias de la vida escolar[5], desde hace muchos años, y aparecen también en los recuerdos escolares de muchos adultos. Aunque no se trate de un fenómeno desconocido anteriormente, lo que ha cambiado ha sido la forma de mirarlo y, desde el comienzo de la década de los setenta, se comenzó a estudiar sistemáticamente, a partir de los prime-

---

[5] Por ejemplo, en la novela de Thomas HUGUES, *Tom Brown's schooldays*, publicada en 1857, que describe la vida en las escuelas privadas inglesas (*Public Schools*) se reflejan diversos actos de lo que puede considerarse maltrato entre iguales. También en la novela de Mario VARGAS LLOSA, *La ciudad y los perros*, que describe la vida en una escuela militar en Perú, aparece la descripción de diversos episodios de maltrato.

ros trabajos pioneros de un investigador noruego, OLWEUS, publicados desde 1973 (OLWEUS, 1993).

En los países nórdicos se denominó a ese fenómeno "mobbing" (o "mobbning"), y en los países anglosajones "bullying", un término que se ha extendido mucho. Lo característico de este tipo de violencia es que uno o varios alumnos agreden sistemáticamente a otro, u otros. Por eso se describe con frecuencia como "maltrato entre iguales por abuso de poder". No se trata de hechos aislados, como podrían ser las peleas entre dos compañeros, sino de acontecimientos que se repiten y por ello SMITH y SHARP (1994) hablan de "abuso sistemático del poder". Se trata de conductas de persecución física o psicológica ejecutadas por un alumno o alumna, frecuentemente secundados por otros, contra alguno/a de sus compañeros a quien se percibe en situación de desventaja, y se elige como víctima de repetidos ataques (BARRIO, MARTÍN, MONTERO, GUTIÉRREZ y FERNÁNDEZ, 2003).

Las formas de maltrato entre iguales son muy variadas y pueden clasificarse en maltrato físico, maltrato verbal y exclusión social, aunque frecuentemente se produce una combinación entre ellas.

Una de las más frecuentes, y que quizá pueda considerarse como leve es la *agresión verbal*, que puede consistir en insultar, en poner motes o en hablar mal a espaldas del interesado. Pero hay otras muchas: las *agresiones físicas indirectas*, tales como esconder, robar o romper las cosas de la víctima, incluyendo el material escolar. Las *amenazas* pueden tener como único objetivo meter miedo, pero a veces sirven para obligar a hacer cosas que no se desean (como por ejemplo robar una pertenencia del profesor), y también hay *amenazas directas* con objetos contundentes. Las *agresiones físicas directas*, principalmente pegar a la víctima, es una de las formas más visibles, pero no necesariamente la más grave. Una incidencia menor tiene el *acoso sexual*, que generalmente se produce por parte de los alumnos mayores varones hacia alguna compañera. Por último hay una forma de maltrato que a primera vista puede parecer que tiene menos importancia, porque resulta más indirecta, que consiste en la *exclusión social*, en ignorar o no dejar participar a la víctima, pero que puede tener efectos devastadores. La víctima es tratada simplemente como si no existiera, y cualquier esfuerzo por su parte para participar en las actividades colectivas es simplemente rechazado (BARRIO, MARTÍN, MONTERO, GUTIÉRREZ y FERNÁNDEZ, 2003).

Una vez que el fenómeno ha sido categorizado como un tipo específico de agresión, se han realizado numerosos estudios en diferentes países que indican que se trata de un fenómeno frecuente y sistemático presente en la mayor parte de las escuelas[6].

---

[6] Puede verse una recopilación de estudios sobre diferentes países en SMITH, MORITA, JUNGER-TAS, OLWEUS, CATALANO y SLEE (1999), RIGBY (2002). En España puede consultarse el completo estudio presentado por el Defensor del pueblo (2000), los trabajos de Rosario ORTEGA (ORTEGA, 1992; ORTEGA y MORA-MERCHÁN, 1999), y los de Cristina del BARRIO (BARRIO, MARTÍN, MONTERO, GUTIÉRREZ y FERNÁNDEZ, 2002, 2003), entre otros.

En el estudio realizado con estudiantes de secundaria españoles se encuentran manifestaciones de todo este tipo de maltrato (con porcentajes bastante diferentes que van desde el 40%, que relatan que han recibido insultos de sus compañeros, hasta un 1% que ha sido víctima de amenazas con armas). Naturalmente, cuanto más grave es el maltrato, aparece con menor frecuencia (Barrio, Martín, Montero, Gutiérrez y Fernández, 2003).

El caso de Jokin

Jokin era un alumno de cuarto año de enseñanza secundaria en el instituto Talaia de Fuenterrabía (Guipúzcoa, España) que a sus 14 años de edad decidió poner fin a su vida el 21 de septiembre 2004 lanzándose al vacío desde las murallas de su ciudad.

Cuando se produjo el suicidio, que sorprendió tanto a su familia como a sus conocidos, se supo que el muchacho había recibido humillaciones, vejaciones y agresiones sistemáticas durante su último año de vida. Según algunas informaciones, no se trataba de un muchacho aislado, sino que dos años antes había sido elegido delegado de curso por sus compañeros. Cuando se comenzó a producir el maltrato por parte de siete muchachos y una muchacha, parece que algunos le aconsejaron que cambiara de pandilla, pero no lo hizo, ni tampoco lo denunció porque no quería ser un chivato.

Los profesores del Instituto tenían que conocer necesariamente la situación, pero no tomaron ninguna medida, lo que pone de manifiesto nuevamente la escasa preparación que tienen los docentes para abordar este tipo de situaciones. Por su parte, los agresores cuando fueron identificados, no manifestaron un claro arrepentimiento, asegurando que se trataba de una práctica generalizada en el centro. La actuación de la juez encargada del caso también ha dado lugar a polémicas al no tomar medidas claras y adecuadas con respecto a los maltratadores.

Aunque el porcentaje de maltratadores y de víctimas en un centro escolar no es muy elevado, sin embargo sí lo es el de los que observan pasivamente y asisten a esos casos de maltrato sin intervenir en ellos de ninguna manera, y sin contribuir a que disminuya. Como señala Olweus (1993, págs. 106-107), esos alumnos deben comprender que el participante pasivo es también un cómplice y es importante insistir en ello.

Una de las características interesantes es que se trata de un tipo de maltrato que se produce predominantemente entre sujetos del mismo curso y en el centro escolar. Aunque el maltrato entre iguales parece disminuir sistemáticamente con la edad, sin embargo algunos de los casos más graves se han producido entre los adolescentes, esos casos dramáticos que terminan en el suicidio del maltratado. Quizá una de las razones por las que disminuye sistemáticamente en los cursos superiores se deba a que los alumnos de esos cursos van ampliando su horizonte social y establecen relaciones fuera del ámbito de la escuela.

Entre niños y niñas se producen formas diferentes de maltrato. En primer lugar parece que el maltrato se da más entre individuos del mismo sexo. El maltrato físico es más frecuente entre los varones, y también el insultar o poner apodos injuriosos, mientras que entre las niñas es más frecuente hablar mal a espaldas de otro. En general los casos de maltrato son protagonizados más por los varones que por las mujeres.

Un fenómeno que vale la pena destacar es que, a pesar de la universalidad y alta incidencia que tienen estas conductas de maltrato entre los escolares, los profesores son relativamente poco conscientes de ello y tienden a quitar importancia al fenómeno, alegando que siempre ha existido, y explicándolo por factores que son ajenos a la institución escolar, tales como características personales de los maltratadores, o del medio social del que provienen. En general los profesores no intervienen más que cuando la agresión es muy evidente, con consecuencias hacia el exterior claramente visibles. Pero también es frecuente que los profesores no intervengan porque no saben muy bien cómo hacerlo.

Por otra parte, los alumnos, sobre todo de los cursos superiores, recurren muy raras veces a los profesores para tratar de resolver esas situaciones conflictivas, lo cual es nuevamente una muestra del escaso clima de confianza y comunicación que existe entre profesores y alumnos. Quizá podamos verlo como algo normal, sobre todo en sujetos adolescentes que están inmersos en un proceso de construcción de su identidad social, que en parte tienen que construir a través de su oposición a los adultos. Cuando se les pregunta a las víctimas de maltrato con quién hablan de ello, mayoritariamente manifiestan que lo hacen con amigos o amigas, después con la familia, y en último lugar con los profesores. Pero es mayor el porcentaje de los que señalan que no hablan con nadie, al de los que lo hacen con los profesores. Cuando se les pregunta a quién piden ayuda, igualmente responden en primer lugar que a los compañeros.

Una de las preguntas que nos podemos plantear es por qué se producen este tipo de conductas, pero los resultados de la investigación no arrojan unos datos claros e inequívocos. En realidad tenemos que limitarnos a especular. Pero nos parece que tan preocupante y tan digna de atención es la situación del maltratador como del maltratado, aunque naturalmente las víctimas deben ser protegidas. Es frecuente que los maltratadores actúen en grupo dirigido por alguno que se muestra como líder. En estos casos, parece que el maltratador tiene una incapacidad para situarse en la perspectiva del maltratado, una incapacidad de descentración de la propia perspectiva. A ello se añade posiblemente una vivencia de inseguridad que necesita afirmarse ejerciendo el poder sobre otros, que además no pueden defenderse. Por tanto habría que indagar en la personalidad de los maltratadores, en sus características psicológicas y en su medio social y familiar, y probablemente necesitarían recibir tratamiento.

Creemos que estos fenómenos tienen relación directa con el clima social que existe en los centros, y está relacionado a su vez con esa organización jerárquica que existe en las escuelas. El fenómeno es de la mayor importancia, y actualmente se están proponiendo diversas actuaciones en las escuelas para reducirlo, tenemos que reconocer que, con resultados desiguales, frecuentemente esas actuaciones tienden a promover el aprendizaje cooperativo, y la discusión abierta sobre este tipo de problemas (OLWEUS, 1993), como estamos defendiendo aquí. Resulta necesario también implicar a los padres en el conflicto. Pero muchas veces las soluciones pasan por cambiar a los alumnos de centro, y tratar de disolver la pandilla.

La enseñanza de la moral

Todo lo que estamos diciendo se relaciona muy directamente con la adquisición de la moral, que constituye una de las grandes preocupaciones respecto a la educación en la actualidad (DELVAL y ENESCO, 1994). Frecuentemente se insiste en que la escuela debería reforzar la formación moral de los alumnos.

El asunto de si la moral puede enseñarse fue ya discutido por PLATÓN poniéndolo en boca de SÓCRATES, y en varios lugares de su obra sostiene que sí puede enseñarse. Parece evidente que esto debe ser así, pues lo contrario haría suponer que nacemos con todas las conductas morales ya dispuestas, cosa que va en contra de la más somera observación ya que se encuentran conductas morales distintas en diferentes épocas, en culturas diversas, e incluso en diferentes grupos dentro de una misma sociedad, aunque existan también importantes constantes transculturales. Si esto es así, sería difícil sostener que la moral no se aprende. El problema es cómo; y aquí es donde se pueden encontrar muy diversas posiciones.

La moral se puede enseñar verbalmente transmitiendo las reglas morales, dando buenos consejos, o se podría aprender mediante la observación de buenos ejemplos y el refuerzo de ellos, o mediante la propia experiencia, o a través de una reflexión sobre la propia conducta o mediante una combinación de los procedimientos anteriores.

En la escuela tradicional se ha confiado mucho en la enseñanza verbal y en las historias edificantes como forma para transmitir la moral, y existen numerosos textos de muchas épocas dedicados a presentar esos buenos ejemplos, desde PLUTARCO hasta autores más recientes como William J. BENNETT (1993)[7]. La narración de las vidas de personajes ejemplares combina el ejemplo con la enseñanza verbal. Siempre se ha practicado enseñar el "saco de virtudes" y la llamada educación moral de los jóvenes mediante lecturas edificantes. Es un género muy antiguo que posiblemente se practicaba antes de PLUTARCO, aunque no diera lugar a obras escritas.

En la adolescencia se produce un choque cuando la moralidad teórica aprendida se enfrenta con la realidad, y el joven observa lo poco que con-

[7] Antiguo Secretario de educación de los Estados Unidos que encabeza una cruzada conservadora para volver a una educación moral basada en las virtudes.

cuerdan. Hay que tener en cuenta que se pueden distinguir dos tipos de moralidad, la que se *enseña* y la que se *practica*, la explícita y la implícita, la teórica y la real. Los que se lamentan de la pérdida de los valores morales lo que quieren es que los jóvenes se conduzcan de acuerdo con la moral teórica, pero poco o nada hacen para cambiar la real, porque se sienten impotentes. Posiblemente las reglas teóricas nunca se han respetado por completo, sino que se tienen como un modelo teórico de lo que convendría hacer pero no de lo que realmente se hace.

Los sujetos se ven más inclinados a comportarse de acuerdo con lo que se hace que con lo que se les enseña que se debería hacer, lo cual, posiblemente, constituye una buena tendencia adaptativa, pues en realidad lo que conviene para sobrevivir en la sociedad es seguir la moralidad que se practica. Si se dice que no se debe copiar en los exámenes, pero la mayoría lo hace, resulta difícil resistirse a esa tendencia, pues no hacerlo llevará a obtener peores resultados que los que copian. Si se hacen campañas para que la gente no defraude en la declaración de impuestos, pero muchas personas continúan haciéndolo, entre ellos algunos que se consideran prohombres de la banca, de la industria, o de la política, no deja de resultar adaptativo hacerlo también. La moralidad teórica no tiene muchas posibilidades de implantarse cuando la práctica va por otro camino.

La cuestión fundamental en la educación moral es que el individuo comprenda la necesidad de las reglas, de sus prescripciones y su idoneidad, para, de este modo, alcanzar la autonomía en la conducta. Si un alumno pide a otro que le deje copiar en un examen, la decisión de hacerlo o no puede ser el resultado de una evaluación compleja, teniendo en cuenta cuestiones como en qué medida le beneficia a ese compañero ayudarle, qué repercusiones va a tener para su vida futura aprobar o suspender, qué consecuencias tendrá para su autoestima, qué riesgos hay de que se descubra, y también qué efectos tiene sobre el funcionamiento de la institución escolar, todo ello junto con la naturaleza de las relaciones entre esos dos individuos en concreto, su grado de amistad, etcétera. Por tanto son muchos los factores que hay que plantearse para tomar una decisión, y que de hecho se toman en consideración, ya sea de una manera explícita o implícita, aunque existan diferencias según el nivel del juicio moral del sujeto.

El sociólogo francés Émile DURKHEIM (1925) es autor de un libro muy interesante sobre la educación moral. Una de las cosas en las que insiste DURKHEIM es en que no se debe regular excesivamente el funcionamiento de la clase: "Es indispensable que haya reglas; resulta negativo que todo esté regulado" (*Ibid.*, pág. 169). El exceso de reglas produce el efecto contrario al que debería tener, pues impide la autonomía de la voluntad, lo que tiene como consecuencia que se termine odiando el orden, o que el individuo se convierta en un ser pasivo y sin iniciativa que sólo actúa cuando se le manda algo, cuando tiene una regla explícita que seguir.

Los castigos

Por esta misma razón, DURKHEIM no es partidario de los castigos. Su concepción del castigo o la sanción es enormemente interesante pues señala que, si sólo se actúa por miedo al castigo no se está obrando de una manera moral y que el temor al castigo es algo distinto al respeto por la autoridad (pág. 171). Un grupo que sólo actúa por miedo al castigo se asemeja más a un grupo de esclavos que a un conjunto de hombres libres. Sin embargo, el castigo, la pena, debe estar ahí pues es lo que hace respetable la regla. DURKHEIM tiende a sostener que el ascendiente de la regla proviene del exterior, en el caso de la escuela, del maestro que es el que tiene la autoridad y hace cumplir la regla. Esto es cierto pero DURKHEIM está olvidando otra fuente complementaria de la moralidad que es la regulación del propio grupo, las relaciones entre iguales, sobre las que llamó la atención PIAGET (1932). La sanción puede no ser impuesta por la autoridad sino por el propio grupo sin que esté encarnado en nadie preciso. El individuo que no es solidario, que no comparte, tendrá la pena de no recibir nada de los otros, de verse marginado.

Como bien señala DURKHEIM, una clase disciplinada es una clase en la que se castiga poco pues la abundancia de castigos y la indisciplina caminan generalmente juntas. El individuo debe actuar moralmente porque lo sienta, porque comprenda los beneficios de actuar de esa manera. Pero frecuentemente resulta difícil ver en cada acción las repercusiones que tiene para el conjunto del grupo o de la sociedad.

Es importante, pues, diferenciar con claridad los castigos de las sanciones. Lo que subyace a la idea de castigo es que el individuo debe "pagar" por la acción que ha realizado, y, por tanto, tiene que realizar una expiación de su falta. Por el contrario, la sanción tiene como misión fundamental recordar al que ha realizado una infracción que se ha violado la regla, con las alteraciones que eso conlleva para el orden social. No se trata de expiar sino de recordar la violación y, en la medida de lo posible, reparar los daños que se han producido.

Es evidente que los castigos físicos deben estar absolutamente excluidos pues no contribuyen a realizar ninguna reparación y además fomentan en los individuos la idea de que los conflictos se pueden resolver mediante la violencia. El castigo físico sólo contribuye entonces a crear individuos más violentos, que tiendan a solventar sus conflictos mediante la ley del más fuerte. Sin embargo, en la educación han sido ampliamente utilizados, y continúan siéndolo en muchos países. Diversos estudios muestran que los profesores, y también los padres, piensan que la violencia física tiene un valor educativo, y ésta es una idea que tenemos que erradicar completamente.

Se han señalado diversas diferencias importantes entre el castigo y la sanción. En primer lugar, el castigo va dirigido contra la persona y afecta a su dignidad, mientras que la sanción se dirige contra la conducta inadecuada. El castigo además no suele guardar ninguna relación con la falta cometida, mientras que la sanción debe estar orientada a la corrección y la reparación. Además hay que tratar de que la sanción esté encaminada al aprendizaje de la conducta adecuada, cosa que no sucede con el castigo. El castigo es muchas veces fruto de un impulso momentáneo, de la irritación del instante, mientras que la sanción requiere reflexión y planificación.

En una escuela que funciona de forma democrática es conveniente que la sanción se realice con la participación del grupo, y por supuesto del propio infractor, para que, de esta manera, comprenda claramente la naturaleza de su violación y los efectos que eso tiene sobre el funcionamiento del grupo.

Para Durkheim, el castigo constituye el riesgo profesional en la carrera del delincuente, y ese riesgo profesional no evita practicar determinadas profesiones, pues de lo contrario nadie ejercería las peligrosas. Cuando se castiga en exceso, sin otras medidas complementarias, los alumnos se habitúan a los castigos. Por otra parte algunos estudios sugieren que muchos delincuentes tienen una capacidad de razonamiento moral muy restringida, como puso de manifiesto Kolhberg.

La escuela como modelo social y objeto de análisis

El aula está constituida como una comunidad de individuos agrupados para convivir juntos durante un largo período de tiempo. El objetivo común ha de ser desarrollarse y crecer juntos, aprendiendo todos de todos, y aprendiendo a convivir y a analizar lo que sucede en la realidad. Creo que, para la formación social uno de los aspectos fundamentales que deben estudiarse es lo que sucede dentro de la propia comunidad que forma la escuela.

En efecto, los contenidos de las disciplinas sociales de la escuela se presentan, por lo general como asuntos básicamente memorísticos, donde hay que recordar la división de poderes, la división administrativa del Estado, los sectores de la producción, la distribución de la población, nombres de países y capitales, fechas y personajes históricos, datos y hechos que no son significativos si no se pueden utilizar, si no se relacionan con la experiencia cotidiana. Por eso me parece que uno de los puntos de partida para entender la sociedad y para establecer una educación democrática, sería reflexionar sobre el propio funcionamiento de la escuela.

La escuela es una institución social, como otras muchas en las que participamos, una institución que tiene todas las características de otras instituciones sociales y en que el niño está inserto, donde está viviendo, donde pasa un buen número de horas. Además en ella se plantean los mismos problemas y conflictos semejantes a los que existen en otras instituciones.

¿Por qué empezar a hablarles de la Constitución y no comenzar por enseñarles a analizar el funcionamiento de la propia escuela, reflexionar sobre lo que pasa en ella? De acuerdo con lo que estamos defendiendo, en una escuela que funciona de forma democrática se plantean fenómenos semejantes a los que existen en las instituciones políticas: hay que establecer una serie de normas de funcionamiento, que sería lo que correspondería al *poder legislativo*; hay que tomar decisiones, lo que corresponde a la tarea del *poder ejecutivo* y hay conflictos, violaciones de las normas y, entonces, es necesario recurrir a sanciones, es necesario un arbitraje, que sería lo que correspondería al *poder judicial*.

Los alumnos pueden constituir un cuerpo legislativo que crea normas, que formula las reglas que deben regir muchos aspectos del funcionamiento de la clase. Pero esas normas hay que ejecutarlas y puede hacerlo el profesor en función de jefe del poder ejecutivo o un grupo de alumnos elegidos para ello y además se producen conflictos y la violación de las normas, que tiene que ser sancionada de alguna manera, y en ello también pueden participar los alumnos.

Como decíamos, las violaciones de las normas pueden constituir un objeto de debate dentro de la clase, o dentro de la escuela, y, reflexionando sobre estas situaciones, los alumnos entenderán mucho más fácilmente los problemas de la organización de una sociedad, y la necesidad de una división de poderes en una sociedad democrática.

Sin duda, cuando estos problemas se trasladan a instancias más amplias de la sociedad, resultan más difíciles de entender. Pero cuando los problemas se relacionan con la propia experiencia de los alumnos, con su funcionamiento en el interior de la escuela, entonces, pueden ver esos asuntos de otra manera distinta y más realista y, a partir de esa experiencia, tendrá mucho más sentido tratar de familiarizarles con el funcionamiento político, con la historia, y llevarles a entender cómo han ido cambiando las formas de gobierno, las formas de dominación en la historia, etcétera.

Cómo hay que tratar a los alumnos

Este tipo de prácticas suponen cambiar la forma en que se trata a los alumnos en la escuela. Frecuentemente se les da un tratamiento correspondiente a niños más pequeños de lo que en realidad son, cuando lo que la práctica y la psicología nos proponen es que les atendamos atribuyéndoles capacidades por encima de las que tienen en ese momento.

Se observa fácilmente que las madres se dirigen a sus bebés como si tuvieran más capacidades de comprensión de las que realmente disponen: cuando no tienen todavía ninguna posibilidad de comprender el lenguaje les hablan y se dirigen a ellos como si pudieran entenderlas. Esto constituye una práctica beneficiosa, pues impulsa el desarrollo del niño y le lleva hacia adelante. Aunque no sea capaz de entender el significado de las palabras, sí que puede captar la entonación con la que se le habla y la actitud emocional que eso conlleva.

En la escuela también tenemos que tratar a los alumnos intentando llevarles un poco más allá de lo que les permiten sus capacidades en ese momento, pero tampoco mucho más allá, pues eso excedería sus posibilidades. Darles confianza y atribuirles responsabilidades promueve su desarrollo, mientras que dudar de sus capacidades produce el efecto contrario.

Los alumnos también necesitan comprensión, cariño y estímulo, tanto por parte de los padres como de los profesores. Hay que darles responsabilidades, hacerles reflexionar sobre las consecuencias de sus actos y discutir con ellos los incumplimientos de las obligaciones. Pero hay que tratarles como personas y no menospreciar sus capacidades. Cuando el alumno siente que se confía en él, se sentirá más obligado a realizar sus tareas y a esforzarse.

Hay que huir de los castigos, y en cambio proporcionar refuerzos positivos, es decir, reconocer sus logros y los avances, y, al mismo tiempo, evitar las comparaciones con otros alumnos. Esas comparaciones siempre resultan odiosas para el alumno al que se le está poniendo otro como ejemplo. Lo mismo sucede en el seno de la familia cuando los padres comparan a un hijo con sus hermanos. Las comparaciones hay que establecerlas con él mismo, con lo que hacía antes y es capaz de hacer ahora.

Tampoco hay que amenazarles con castigos que luego no se van a producir, cosa que sucede con mucha frecuencia en el interior de las familias. Hay que ser extremadamente cuidadoso en la administración de los castigos. Como mencionábamos antes, éstos deben imponerse siempre que se dé una violación, pero sobre todo para recordar que se ha violado una norma. Sin embargo, no deben tener una función expiatoria, es decir tratar de que paguen por lo que han hecho. La función de los castigos no es hacer sufrir a los alumnos por lo que hicieron, sino evitar que en el futuro vuelvan a cometer las mismas violaciones.

Para terminar este capítulo insertaremos dos historias reales que pueden servir para ejemplificar algunos de los asuntos que estamos mencionando.

La historia de Lucía y el estudio como castigo

Lucía es una adolescente de 15 años que ha experimentado muchos cambios físicos durante el último año y tiene una madre que quizá la protege en exceso. Hasta ahora ha ido obteniendo unos resultados escolares satisfactorios y aprobado cada curso, pero este año no ha sido así y su madre ha decidido llevarla durante el verano a un centro donde le ayuden a recuperar las ocho asignaturas que le han quedado de tercero de la ESO. Pero aunque ya han decidido que repita el curso completo, la madre ha dicho que la lleva a ese centro como castigo por su falta de interés. Naturalmente la muchacha se muestra en total rebeldía ante tener que asistir todos los días a unas clases que le han dicho que son un castigo, y los profesores del centro no consiguen hacer nada con ella. Por tanto, su primera tarea es procurar que la chica no tome las clases del verano como un castigo y que asuma ella misma la responsabilidad de asistir o no. Cuando los

(Continúa)

profesores del centro le dicen que si no quiere asistir que no lo haga, que comprenden perfectamente cómo se siente, y que la decisión es suya, empieza a interesarse por algunas clases y al ver que realiza progresos comienza a entusiasmarse con el trabajo y a tomar sus propias iniciativas. Ha sido necesario también intervenir con la madre y decirle que no se puede presentar esa actividad como castigo, sino como un intento de incrementar sus conocimientos y de mejorar su rendimiento. A partir de aquí todas las cosas irán mejor, y Lucía conseguirá aprobar varias asignaturas.

La historia de Noemí y asignaturas suspendidas

Noemí ha tenido problemas este año con sus asignaturas de segundo de la ESO y ha suspendido cuatro. Noemí es una adolescente tímida y poco segura de sí misma, hija de padres latinoamericanos inmigrantes. Durante el verano asiste a un centro para intentar recuperar esas asignaturas perdidas, entre ellas tecnología y lengua. Uno de los problemas es que se siente incapaz de realizar las tareas que se le asignan porque se ve desbordada por ellas, y no sabe por dónde empezar. Su falta de confianza le hace muy difícil ponerse al trabajo.

En tecnología siente que no comprende nada y no sabe cómo abordar los problemas de las poleas y de otros mecanismos (problemas que en su clase en el instituto no se tratan mediante la manipulación de esos objetos, sino de una forma puramente teórica). En el centro al que asiste se le propone que intercambie puntos de vista con otros compañeros que también tienen pendiente esa materia o algunas otras. Se inicia una discusión entre ellos y varios manifiestan la misma dificultad con la tecnología, pero otro, Mateo, que la ha aprobado sin dificultad, les dice que es una asignatura muy sencilla y les expone su punto de vista. A Noemí esa discusión con sus compañeros le resulta extremadamente beneficiosa, porque, por un lado, comprueba que su caso no es en absoluto único, y que a otros chicos les pasa lo mismo sin que les produzca el mismo bloqueo y angustia, e incluso que a alguno la materia le resulta fácil. Mateo les explica cómo se debe abordar la asignatura, y, a partir de ello, la relación de Noemí con la tecnología mejora considerablemente.

Noemí también tiene dificultades con la lengua. Una de las tareas que debe hacer es resumir tres novelas para jóvenes, que no son ni largas ni difíciles y que resultan interesantes. Pero se siente incapaz de hacerlo y piensa que no va a tener tiempo hasta que lleguen los exámenes. Una de las monitoras del centro comienza intentando hacerle algún resumen para que vea cómo se realiza, para que lo tenga ya hecho, y para que eso disminuya su angustia ante la tarea que tiene por delante. Pero la monitora también piensa que debería estimularla para que los hiciera ella misma. Cuando le explica que ya tiene el resumen de una parte de la novela, Noemí empieza a sentirse con más confianza y dice que lo quiere hacer ella misma. Para ayudarla se organiza un programa de sus lecturas y sus resúmenes y, de este modo, se convence de que tiene el tiempo preciso para realizar todas las tareas pendientes, lo cual le produce una gran tranquilidad, a partir de lo cual empieza a hacer regularmente su trabajo sin dificultades.

CAPÍTULO III

Los contenidos escolares

¿Cómo se determina lo que los alumnos deben aprender en la escuela? Podríamos pensar que el conocimiento escolar es una versión reducida del conocimiento científico que los seres humanos han conseguido acumular. Pero, aunque el contenido de los programas escolares ha aumentado extraordinariamente a lo largo del siglo xx, haciendo a veces imposible terminar esos programas, sin embargo buena parte de la ciencia está excluida de la escuela, y por otro lado sería imposible abarcarla toda.

Por ejemplo, no deja de ser llamativo que las ciencias sociales modernas no ocupen prácticamente ningún espacio en el currículum escolar y —aunque existan diferencias entre unos países y otros— por lo general la economía, la sociología, la psicología, la antropología, el derecho o la ciencia política sólo son tratados incidentalmente, o no aparecen en absoluto. En multitud de países, todo el conocimiento acerca de la sociedad está incluido bajo el rótulo general de geografía e historia. Sin embargo, podemos darnos cuenta de que las materias que pueden tener una relación directa con la formación de ciudadanos son esas ciencias sociales que no se tratan.

En definitiva, podemos pensar que los contenidos escolares que se enseñan son el producto de tradiciones y prácticas que se remontan al siglo xix cuando se comienza a regular el currículum escolar[1], de nuevas incorporaciones de contenidos que se han ido produciendo en las diferentes reformas, todo ello muy condicionado por los intereses corporativos de los profesores y profesionales adscritos a las diferentes materias, que tienden a reclamar casi siempre más tiempo para su especialidad. Todo esto deja la impresión de que los contenidos del currículum no son el producto de ningu-

---

[1] Quizá esto explique, al menos en parte, una de las razones por las cuales las ciencias sociales no aparecen en el currículum, ya que, cuando comenzaron a establecerse los programas, esas disciplinas prácticamente no existían como ciencias independientes.

na planificación sistemática, sino más bien del resultado de tradiciones y aza-res que se han producido en diferentes momentos.

Pero el problema principal de los contenidos escolares no se refiere a cómo se seleccionan o en qué consisten, sino a cómo se tratan. Porque no es difícil darse cuenta de los obstáculos que encuentran buena parte de los alumnos para aprender lo que se les enseña, así como de la escasa aplicabi-lidad que tienen esos saberes para utilizarlos en la vida. Además de ello, por lo general, los conocimientos que reciben les resultan aburridos y poco inte-resantes, sobre todo a una parte de los estudiantes desde la enseñanza secundaria.

¿Tenemos que aburrirnos en la escuela?

Esto podemos relacionarlo con ciertas polémicas acerca de si la educa-ción puede concebirse como una actividad placentera o, por el contrario, tie-ne que ser algo trabajoso, duro, y en definitiva odioso, —que está más próxi-mo de la maldición bíblica del ganarás el pan con el sudor de tu frente—, que con actividades placenteras como el juego. Por eso, uno de los problemas actuales de la escuela es el aburrimiento que produce en muchos alumnos (VINCENT, COMTE-SPONVILLE, y otros, 2003). ¿El trabajo escolar tiene que ser necesariamente tedioso? Algunos piensan que sí.

Actualmente, si preguntamos a los niños acerca de cómo y dónde se ad-quiere el conocimiento, dónde aprenden cosas, nos contestan que eso se realiza en la escuela y es el resultado de un trabajo duro. No conciben como aprendizaje todas las cosas que adquieren en su vida cotidiana y que son esenciales para su supervivencia, como por ejemplo aprender a cruzar la calle, a prepararse algo de comer, a vestirse, a jugar, a montar en bicicleta o a practicar un deporte. Para ellos todas esas cosas no constituyen un aprendizaje, quizá porque tienen la idea de que lo realizan sin esfuerzo. El apren-dizaje queda limitado a las tareas escolares de tipo repetitivo en las que mu-chas de las cosas que les enseñan no las consiguen entender. Desgraciada-mente todavía los niños siguen aprendiendo gran cantidad de conocimientos de memoria y esto es, sin duda, una muestra clarísima de cómo la actividad escolar tiende a promover la sumisión, como ya hemos repetido. ¿Qué mayor muestra de sumisión puede darse que aprender a reproducir de memoria algo que no se entiende?

Sin embargo, a partir de todos los conocimientos que poseemos sobre la construcción del conocimiento durante el período de desarrollo sabemos que los niños aprenden muchas cosas espontáneamente y que tienen que construir sus conocimientos por sí mismos (DELVAL, 1994). El niño encuen-tra un gran placer en conocer y, durante años, se dedica continuamente a preguntar a los adultos respecto al funcionamiento y el porqué de las cosas. Si éstos le contestan, el niño continuará preguntando y mostrará su interés por conocer, pero si no le contestan, irá poco a poco dejando de preguntar y acostumbrándose a no obtener respuesta. La escuela no suele responder a las preguntas del niño y ello lleva al establecimiento de una dicotomía entre lo que es aprender con placer y lo que es aprender en la escuela (DEL-VAL, 2000).

A través de los juegos, los niños aprenden infinidad de cosas esenciales para su vida posterior. Durante el período sensorio-motor, todavía en la cuna, antes de la adquisición del lenguaje, los niños realizan juegos de ejercicio que facilitan el desarrollo motor y el control del entorno. A partir de los 2 años y hasta los 6 años realizan como actividad lúdica dominante juegos simbólicos y en ellos ejercitan los papeles sociales. Juegan a ser hijos, hermanos, mamás o papás, a los médicos, a las enfermeras, al tendero, al maestro, al conductor de autobús, al astronauta, y a infinidad de otras actividades, adqui-riendo a través de ellas rasgos esenciales de esos papeles sociales que les ayudan a formar y a interiorizar el "otro generalizado" de que hablaba G. H. MEAD (1934), es decir, las expectativas y las conductas apropiadas relaciona-das con los papeles sociales más extendidos.

A partir de los 6 años, aparecen los juegos de reglas, por medio de los cuales el niño desarrolla sus capacidades sociales ya que tiene que coordinar su actividad con la de los otros niños, y situarse en el punto de vista de otro. Ganar en el juego supone no sólo jugar con otros y coordinar las actividades propias con lo que hacen los demás, sino también ponerse en la perspectiva del otro para tratar de que el competidor no gane. Esto proporciona una capa-cidad de cooperación y descentración que ayuda a superar el egocentrismo infantil, y que es esencial para el desarrollo social. Así pues, a través de to-dos estos juegos, los niños adquieren, con mucho placer, conductas que son esenciales para su desarrollo y su vida social adulta.

La escuela contribuye a apuntalar la división entre el trabajo y el placer. El trabajo se presenta como algo indeseable, algo que hay que hacer pero que no es placentero. En ella se opone el trabajo escolar y el descanso, el juego, y los momentos de recreo. Pero esto constituye una transposición de una concepción extraescolar, y no parece que sea indispensable; de hecho pode-mos comprobar cómo los niños pueden aprender cosas encontrando placer en ello, lo cual no quiere decir que no realicen un esfuerzo (la noción de esfuerzo no es equivalente a la de trabajo, ni a la de actividad pesada y no deseable).

Cuando la actividad que se realiza es deleitosa, y libremente elegida, se pueden ejecutar enormes esfuerzos con mucha satisfacción. En los juegos y en los deportes, los niños realizan esfuerzos considerables sin que eso mengüe de ninguna manera el placer que la actividad les produce. ¿Qué hay más trabajoso que participar en una competición deportiva, corriendo du-rante kilómetros, al límite de las fuerzas, tomando parte en una prueba de atletismo? Sin embargo, los sujetos que lo hacen encuentran placer en la rea-lización de la actividad, aunque tengan que llevar a cabo un trabajo conside-rable y penoso. En cambio, en la actividad escolar, lo que no resulta placen-tero es el fin mismo de la actividad. Aprender cosas ininteligibles, que nunca nos hemos planteado y que no nos interesan, y tener que hacerlo de memo-ria mediante una actividad rutinaria no puede resultar placentero. Tampoco sería agradable tener que aprenderse las reglas de los juegos y no poder jugar a ellos.

Esto nos permite ver entonces que puede establecerse una relación distinta entre trabajo y aprendizaje. Aprender es siempre una actividad que requiere atención y un cierto esfuerzo. Cualquier escritor o cualquier investigador pueden encontrar duro en un momento el trabajo que están realizando, pero eso no impide que encuentren también placer en hacerlo, sobre todo cuando la obra está terminada, cuando obtienen nuevos resultados. La educación puede llegar entonces a convertirse en una actividad placentera, lo cual no quiere decir que no tenga por qué ser trabajosa, pero el trabajo en el que nos enrolamos voluntariamente puede producir placer, aunque también requiera esfuerzo.

Al no tener clara esta relación entre esfuerzo y placer, mucha gente critica la posibilidad de que el aprendizaje y el trabajo escolar puedan ser algo placentero, y sostienen que la actividad en la escuela es siempre dura y poco deseada. Encuentran normal que los niños no quieran ir a la escuela. Y en efecto, los niños prefieren las vacaciones al período escolar. Sin embargo, muchos encuentran un gran placer en realizar otras actividades de aprendizaje durante sus vacaciones, como asistir a las "granjas-escuela", que se popularizaron entre nosotros, y en las que aprenden muchas cosas.

El esfuerzo es consustancial con todo progreso, pero podemos esforzarnos en cosas que nos interesen, y encontrar placer en ello, o en cosas impuestas totalmente desde fuera y que no nos interesan en absoluto. Esto es lo que se hace en la escuela, pero se hace sobre todo para mantener la opresión y la sumisión de los individuos, no porque sea necesario para aprender. Las gentes que más han contribuido al progreso cultural y científico de la humanidad han encontrado a menudo un gran placer en la actividad que realizaban, porque le veían un sentido, la habían elegido ellos mismos, se la administraban a su gusto y, por ello, estaban dispuestos a dedicarle la mayor parte de los esfuerzos.

Esto es lo que creemos que puede hacerse en la escuela, crear el interés en los niños, partir de sus intereses espontáneos y trabajar haciendo interesante la actividad. Quizá haya escolares más propensos que otros a encontrar placer en la actividad de aprender, actuar y pensar, aunque ello dependa también, muy probablemente, no sólo de diferencias individuales, sino de su origen social y de cómo se hayan estimulado sus intereses espontáneos. En todo caso, estamos convencidos de que el placer que se encuentra en el aprendizaje escolar podría multiplicarse de forma prodigiosa con maestros que también gocen aprendiendo, que encuentren interesante el saber, y con actividades que partan de los intereses del niño y le permitan desarrollar su tarea. Los que critican esta idea, o son ciegos y no prestan atención a la actividad incansable que los niños realizan para dominar una tarea que les interesa, o añoran esa educación represiva que trata sobre todo de producir individuos sumisos.

El trabajo escolar tiene que comenzar partiendo de las ideas y los intereses que tienen los alumnos. Esto implica que los temas que se estudien y la manera de plantearlos va a diferir según las edades de los sujetos, teniendo en cuenta sus diferencias en intereses y capacidades, que están ligados a su desarrollo intelectual.

Hay que convertir el conocimiento en algo placentero, y transmitir la idea de que es un instrumento para la liberación del hombre, pues permite dominar la naturaleza. El conocimiento no sólo es útil sino que constituye una importante fuente de satisfacción. Tenemos que crear el deseo de saber, "educar mentes curiosas", como dice CLAXTON (1991). Naturalmente eso no quiere decir que no suponga un esfuerzo, pero hemos de tener en cuenta que los niños, y los seres humanos en general, no rehuyen el esfuerzo más que cuando no ven su sentido[2], o no lo entienden más que como una imposición.

Para entender el conocimiento como algo placentero y útil hay que partir del entorno, de lo que el niño tiene a su alrededor, y puede ver como problemático. Muchas de las cosas que acontecen en su ambiente no le interesan a una determinada edad, pues no puede percibir lo que hay de problemático en ellas. Recordemos también que lo más importante no son los temas que se tratan, sino cómo se tratan. Pero esto no quiere decir que haya que dedicarse a temas que sean irrelevantes. Hay contenidos, problemas, que tarde o temprano tendrán que ser tratados. Una de las habilidades del profesor tiene que ser convertir problemas aparentemente poco relevantes en temas que sí lo son, abordándolos desde los ángulos apropiados. No conviene olvidar que a los grandes problemas del hombre, de la ciencia y del arte se puede llegar por muchos caminos.

Así pues, algunos pesimistas están convencidos, y así quieren hacérnoslo creer, de que el aprendizaje y la adquisición del conocimiento es una actividad necesariamente penosa y aburrida a la que hay que conducir a los niños y adolescentes en contra de su voluntad y forzarles a que estudien. Para ellos, el trabajo escolar es el resultado del esfuerzo, y los alumnos en la escuela tienen obligación de aprender a esforzarse. Esto sería especialmente evidente en el caso de los adolescentes, que por una parte se sienten preocupados por problemas que son muy ajenos al ámbito escolar, como por ejemplo su vida cotidiana, sus relaciones personales, el papel de los amigos y los amores incipientes, mientras que en la escuela tienen que aprender cosas cada vez más difíciles y abstractas.

Sin embargo, nos parece que esta visión, aunque pueda tener algún elemento verdadero, no responde a la realidad, sino que constituye una deformación de ella. Podemos decir que prácticamente todo el mundo siente curiosidad por alguna cosa, y los niños son especialmente curiosos y están interesados por conocer el mundo que les rodea.

---

[2] Por esto resultaba totalmente absurdo en la reforma que intentó llevar adelante el Partido Popular proponer crear una cultura del esfuerzo, y hacerlo con las únicas armas de aumentar el número de exámenes y suspender más. Cuando se suspende a un alumno, no sólo está fracasando él sino también el sistema educativo. Lo que hay que procurar es que se vea el sentido del esfuerzo que se realiza, cosa que sucede claramente en las actividades lúdicas.

El que el trabajo escolar se convierta en algo tedioso se debe sobre todo a que no son capaces de atribuir significado a las tareas que realizan, y eso no tiene que ser necesariamente así. Incluso conocimientos que pueden estar muy relacionados con su propia vida se presentan de tal manera que parecen no tener nada que ver con lo que hacen. Por ejemplo, encontramos en el libro de texto una descripción de la localidad en la que se detallan los principales edificios que existen habitualmente en una ciudad, como ejemplificábamos en el capítulo anterior en la historia de Noemí.

Lo que tenemos que hacer es huir de una enseñanza puramente verbalista y tratar de que se relacione lo que se aprende con la experiencia de cada día, cosa que es especialmente importante con los niños más pequeños, que no pueden encontrar por sí solos el significado del conocimiento escolar, pero que pueden hacerlo fácilmente con una ayuda y partiendo de su propia experiencia.

El ambiente como fuente de problemas

En la enseñanza hay, pues, que partir de problemas que están a nuestro lado y que pueden verse como tales problemas. ¿Por qué en invierno los días son más cortos que en verano? es una pregunta que puede intrigar a los alumnos de primaria (por ejemplo cuando se realizan los cambios de hora dos veces al año) y que puede servir para hacer algunas búsquedas y exploraciones acerca de la Tierra y el sistema solar. En cambio, las cuestiones sobre el aumento de la inflación o las subidas o bajadas de la bolsa, temas de los que la televisión habla con insistencia, difícilmente podrán tener interés para los chicos hasta bien entrados en la secundaria.

Lo curioso es observar que la escuela actual, y la del pasado, permanece muy aislada de su entorno. Esto debería hacernos reflexionar, porque no puede deberse a cortedad de vista o a ignorancia. Los temas que se tratan en la escuela son abstrusos, lejanos, y, si no lo son en sí mismos, la escuela los transforma por la manera de tratarlos, porque se presentan con independencia de lo que nos rodea. Cuando se les habla del calor, no se comienza partiendo de sus experiencias sino de definiciones que dificultan relacionar sus propias vivencias y experiencias con la teoría. Sin embargo, para el niño, el entorno es una fuente esencial de estímulos intelectuales.

La organización de la enseñanza escolar parte, sobre todo, de la estructura de las disciplinas constituidas, y da por supuesto que los alumnos se interesarán por ellas. Pero ¿por qué se va a interesar un alumno de primaria por la estructura del sistema solar, por las moléculas, por la energía calorífica o por los pronombres, si no creamos previamente el interés en él, y no relacionamos esos asuntos con problemas de los que sea capaz de tomar conciencia?

La introducción de nociones teóricas aisladas de la experiencia resulta inútil e incluso contraproducente. Pero también la experimentación pura para tratar de alcanzar los conceptos teóricos a partir de ella resulta algo estéril. Lo difícil es encontrar un equilibrio, ser capaces de conjugar teoría y experimentación. Lo más complicado es hacer un sistema de enseñanza en el que las nociones teóricas aparezcan en el momento en que son necesarias para interpretar una serie de resultados experimentales. Y aquí la historia de la ciencia puede sernos de una gran utilidad aunque no tengamos naturalmente que seguirla paso a paso, pero sí nos servirá de guía. Otro problema conexo es que el método de descubrimiento, que ha gozado de gran prestigio en la educación en algunos momentos, sólo puede utilizarse como un método complementario, y también aquí es necesario encontrar un equilibrio entre dejar al niño abandonado a sí mismo y dirigirle excesivamente.

He entrevistado a miles de niños y adolescentes para descubrir lo que pensaban acerca de muchos asuntos relacionados con el mundo físico o con el mundo social, y siempre he encontrado que sus respuestas tienen un enorme interés, y que además gustan de contestar a nuestras preguntas. Durante las entrevistas, se les ve realizar un esfuerzo para tratar de dar cuenta de cómo funcionan las cosas. Han formado ideas sobre la mayor parte de las cuestiones que les podamos preguntar, sobre la visión, el calor, los conjuntos matemáticos, el crecimiento de los seres vivos, el acceso a las profesiones, el dinero, el aprendizaje, etc., aunque sus ideas no coincidan con las que tenemos los adultos. Pero precisamente sobre eso es sobre lo que tenemos que trabajar, sobre las representaciones que ya poseen, para mostrarles sus insuficiencias y que sean capaces de modificarlas.

No estamos pretendiendo descubrir nada nuevo, pues hay muchas experiencias valiosas en las que se ha tratado de partir de los intereses de los alumnos y de trabajar sobre ellos. En la experiencia que describe BRODHAGEN (1997) sobre una escuela en Marquette, Wisconsin, se estimuló a los alumnos a que formularan las preguntas que les interesaban, y éstas son algunas de ellas.

¿Cómo se produjo el color de mi piel?
¿Qué me ocurrirá después de la muerte?
¿Por qué nací siendo yo y dentro de mi familia?
¿Seguirán mis pasos mis hijos?
¿Por qué me resulta tan difícil la escuela?
¿Cómo se mantienen en funcionamiento los órganos de mi cuerpo?
¿Cómo sabré si estoy realmente enamorado?
¿Tendré éxito y seré feliz?
¿Por qué soy tan bajo?
¿Por qué algunas personas y grupos piensan que son mejores?
¿Cómo se inició el racismo?
¿Cómo evolucionaron las religiones?
¿Es posible que nazcan personas con ambos órganos sexuales?
¿Por qué algunas personas son homosexuales?
¿Cuándo acabará la violencia de las bandas?
¿Por qué tantos políticos son deshonestos?

¿Habrá alguna vez un presidente que no sea blanco?
¿Habrá alguna vez lo suficiente para que todos sobrevivan?
¿Qué sucedería si el sol muriera?
¿Cómo se creó el universo?
¿Cómo pueden volar las aves?
¿Serán habitables otros planetas?
¿Habrá tanta superpoblación en la Tierra que se enviará gente al espacio?
¿Qué apariencia tendrá la gente dentro de cien años?
¿Habrá curación alguna vez para el SIDA?
¿Por qué no pueden votar los adolescentes?
¿Cómo funciona la montaña rusa?
¿Por qué son populares algunos chicos?
¿Por qué sólo nos enteramos de cosas malas?

Como puede verse, esas preguntas cubren temas variados, y lo que tienen que hacer los profesores es seleccionar las que les parecen más interesantes y que pueden responderse. Por eso, la función del profesor es insustituible y muy creativa.

El niño intenta entender el mundo de los mayores, sus problemas y preocupaciones, porque trata de crecer y de hacerse grande. Su contacto con la realidad de cada día le está planteando problemas; el que los formule explícitamente, pregunte, manifieste sus opiniones, depende de que le estimulemos a ello o le digamos que deje de preguntar. Pero la escuela le habla de otras cosas. Cuando acompaña a su padre a comprar el periódico en el pueblo de veraneo y el periódico no llega, se plantea cómo lo envían hasta el quiosco, quién lo hace, de dónde salen las noticias, etc. El mundo puede ser más o menos interesante o problemático según cómo se estimulen o inhiban los interrogantes de los niños. Si les contestamos, y les planteamos otras cuestiones, preguntará más y aprenderá más.

Si ve que están construyendo una casa, se interesará por cómo se hacen las casas, qué es el hormigón, de qué está hecho, por qué se ponen hierros, cómo se sujetan los ladrillos, etc. Cómo se construye una casa, la piedra, los ladrillos, los azulejos, los materiales prefabricados, la cal, el cemento, la tierra, la madera, la caña, las diferencias entre unos materiales y otros. El análisis de las construcciones de la localidad, antiguas y modernas, viendo las diferencias constructivas que hay entre ellas, es algo que puede intrigarle. Podrá interesarse por la relación entre la casa y el clima y comparar las construcciones humanas en las regiones polares, en el ecuador, en países de fríos inviernos, en países calientes, en lugares donde llueve mucho y donde llueve muy poco, etc., etc. Las posibilidades de utilización de materiales menos sólidos como paja, materiales de origen vegetal, palma, etc. La importancia de la vivienda para el desarrollo social, y las relaciones entre organización social y vivienda. Las distintas formas de habitación humana a lo largo de la historia. La formación de las ciudades. La sociología de la vida en las ciudades. Así pues, la casa, la vivienda, es un centro de interés que se puede fácilmente explotar en la escuela.

Todo esto nos puede llevar a entroncar con el estudio de problemas más abstractos como es la población, la historia de la localidad, las formas de vida dos generaciones atrás, preguntando a las personas mayores cuáles han sido los cambios que se han producido. La realización de análisis demográficos consultando datos en el Ayuntamiento, haciendo encuestas, examinando los archivos municipales, parroquiales, etc., para llegar al estudio de la evolución de la población en la ciudad. Se les puede estimular a que relacionen esta evolución de la población en la localidad con el desarrollo económico, con las costumbres y con las actividades productivas. Estudiar cómo se generan los recursos económicos en la localidad, de qué se vive en ella. La estructura familiar en la ciudad y en otras localidades comparando con datos de tipo histórico y de tipo antropológico.

La manera de tratar estos problemas puede implicar la actividad de todos los niños de la clase, aunque trabajen en grupos. Se tienen que dividir las tareas y utilizar diversos métodos de búsqueda. Se trata también de que utilicen toda su experiencia. Si alguno ha vivido en otra región y ha visto otro tipo de viviendas puede contar cómo son y tratar de proporcionar o de buscar información sobre ellas. Lo puede relacionar también con las costumbres y las formas de vida. ¿A qué hora se acuestan, a qué hora se levantan, hacen la vida en casa o en la calle, los ritmos diarios y estacionales, etc.? En todos los casos, se ha de procurar que los chicos liguen el estudio con lo que ya saben, que busquen ellos información, que impliquen a las personas de su entorno, que escriban a familiares, que busquen en la biblioteca, que hagan referencia a películas o programas de televisión, etc.

Lo más próximo, lo más cotidiano y lo más vulgar puede ser una fascinante fuente de cuestiones, y no sólo para los chicos, sino también para los adultos y para el maestro que investiga con ellos. Por ejemplo, la cocina puede ser una fuente inagotable de temas y algo que, desde luego, debería incorporarse a la actividad escolar. El trabajo en la cocina es como el trabajo en el laboratorio, y en ella se pueden poner de manifiesto una gran cantidad de fenómenos químicos y físicos de un gran interés, pero también tiene relación con la fisiología, con el funcionamiento del cuerpo humano, con la psicología y el gusto, con la sociología y la antropología, con la economía, etc. Podía dedicarse un curso o más al estudio de la cocina tomándola como un núcleo en torno al cual organizar los conocimientos.

Son tantos y tantos los problemas que nos surgen del estudio del ambiente, y tan interesantes los conocimientos que se pueden extraer de ellos que nos sorprende cómo resulta tan tediosa y tan aburrida la enseñanza escolar centrada sobre problemas que desde luego no son los de nuestros alumnos.

El estudio de la localidad

La propia localidad, el entorno más inmediato en el que vive el alumno, es una fuente enorme de inquietudes intelectuales y un punto de partida sustancial para el aprendizaje. Pero depende mucho de cómo se aborde.

Imaginemos que nos encontramos en una comunidad que vive de la agricultura. Se plantean problemas como la recolección de higos, el secado del tabaco, la molienda del pimentón, la conversión de las aceitunas en aceite, la comercialización de las frutas, etc. Cada una de esas actividades es una fuente inagotable de problemas. Tomemos cualquiera de ellos, por ejemplo, el secado del tabaco. Podemos analizar el ciclo de esta planta desde la semilla hasta el crecimiento de las hojas, el combate de las plagas, las necesidades del riego, la recogida de las hojas y su secado. Las necesidades de mano de obra que esto supone. El tratamiento posterior de las hojas, visitando el centro de transformación y fermentación, hasta convertirlas en tabaco y en cajetillas. La comercialización y distribución. Análisis de los distintos tipos de tabaco, el tabaco de Virginia, el tabaco negro, etc. Diferencias en el tratamiento de los distintos tipos de tabaco. Relación entre la climatología y el cultivo, las razones de su cultivo.

Pero hay otra amplia cantidad de problemas relacionados con los usos sociales del tabaco. Historia, su introducción en Europa, distintas maneras de utilización del tabaco, el tabaco para mascar, para inhalar o aspirar, para fumar como cigarrillo o en pipa, los cigarrillos ya liados o el liado del tabaco, los cigarros puros, etc. Sus efectos sobre el organismo; las enfermedades producidas por los distintos tipos de consumo. Los cambios sociales en el uso del tabaco. El tabaco en Europa en el siglo XVIII y el tabaco en la actualidad. El tabaco dentro de la economía. Los beneficios económicos que produce el tabaco. Los impuestos sobre el tabaco y el rol de los impuestos. El tabaco como un tipo de droga, los efectos de las drogas sobre el organismo, drogas y medicinas, etc. Las contradicciones entre las campañas para prohibir el consumo de cigarrillos y la publicidad. Pero no tendría mucho sentido plantearse el estudio del tabaco de esta forma en una localidad que no tiene nada que ver con su producción: si se habla de ello, sería necesario tratarlo de un modo completamente distinto.

Como se ve, el estudio de los cultivos del tabaco que se realizan en la localidad puede dar lugar a una importantísima serie de actividades muy variadas que van a hacer posible que los alumnos trabajen y recojan datos por ellos mismos, lo cual les va a ayudar a interpretar esa realidad, y a darse cuenta de que se puede aprender sobre lo que tenemos a nuestro lado, y tener opiniones sobre ello. La forma de aprender, por supuesto, no puede reducirse a escuchar unas explicaciones o rellenar unas fichas, sino que tiene que ser mucho más activa, trabajando en grupos y haciendo investigaciones. Hay que comenzar interrogando a los alumnos, partir de lo que saben y suministrarles la información a medida que la necesitan, u orientarles hacia dónde deben dirigirse para encontrarla.

La realidad nos ofrece tantos temas que son inagotables. En una comunidad agrícola se plantea el problema de la utilización del estiércol, ¿para qué sirve, es mejor el estiércol de cabra, de vaca, o de oveja para abonar? ¿Vale su utilización de cualquier manera, o es necesario prepararlo? ¿Cuáles son los efectos del estiércol sobre el crecimiento de las plantas? Todas estas preguntas pueden dar lugar a la realización de diversas experiencias, criando algunas plantas con estiércol y sin él, o con abonos químicos, y de aquí puede derivarse hacia el estudio de diversos factores que determinan el crecimiento de las plantas. ¿De qué viven las plantas? Todo esto puede dar lugar a realizar estudios sobre el crecimiento de los vegetales y las diversas funciones que estos tienen, ¿para qué sirve la raíz, el tallo, las hojas? ¿Por qué se caen las hojas de los árboles en una determinada época? ¿Por qué hay algunos árboles que tienen hojas perennes y otros a los que se les caen?

Otra vía de desarrollo es estudiar la tierra como elemento para el crecimiento de las plantas. Su composición, el análisis de los distintos tipos de tierra. Qué se encuentra en la tierra, animales, vegetales y minerales. La formación de la tierra vegetal, el papel de los gusanos en la formación de esa tierra. Los procesos de putrefacción y descomposición. El significado que tiene la realización de ciertas actividades en la localidad como quemar los rastrojos, dejarlos que se pudran, etc., etc. A partir de aquí, se pueden plantear problemas tales como el equilibrio de la naturaleza, la destrucción de los bosques, la producción de anhídrido carbónico, la respiración, la eliminación de los residuos, el desarrollo sostenible, etc.

La localidad puede estudiarse desde los problemas genéricos que se plantean en ella o algunos aspectos específicos y que sólo son propios de esa localidad. Entre los problemas genéricos puede considerarse las características del medio ambiente, el clima, el paisaje. La producción, la pesca, o la agricultura, el turismo y sus demandas, etc. La satisfacción de las necesidades culturales, las actividades de ocio, las fiestas, el juego, las tertulias, la televisión, los deportes, las fuentes de ingresos, etc., de los habitantes. Los conflictos de intereses que se producen en la comunidad.

Entre aspectos concretos de la localidad puede estudiarse alguna peculiaridad propia de ella. Por ejemplo, si se trata de una ciudad costera que tiene un faro, los alumnos pueden ir a visitarlo, pero también elaborar proyectos acerca de él construyendo faros. Se puede estudiar tanto la física del faro como los problemas humanos, cómo se llega a ser farero, la vida que realiza el farero, etc. Los problemas de tipo físico incluyen el suministro de energía para el faro, el tipo de lentes que se utilizan, el alcance de la luz. Los alumnos pueden experimentar construyendo un pequeño faro. Estudiar también los problemas de la navegación, el papel que desempeñan los faros en la navegación, la historia de las señales marítimas, etc. Cada problema da lugar a nuevos problemas, que los alumnos van descubriendo a medida que avanzan, y ellos junto con el profesor deben determinar hasta dónde van a seguir.

Cualquier otra peculiaridad de la localidad puede ser estudiada de esta manera, por ejemplo la existencia de una fuente termal aprovechable, la existencia de una mina, de una central eléctrica, de una desalinizadora, o alguna peculiaridad geológica del paisaje que lo hace destacable, peña, gruta, barranco, etc. Todas estas cuestiones pueden ser objeto de estudio y dar lugar a proyectos por parte de los alumnos.

El conocimiento que obtiene el alumno debe ser utilizable para entender su realidad y tomar así conciencia del valor del conocimiento. Esto, sin embargo, se suele descuidar en la enseñanza, pero podría contribuir a darle un sentido muy distinto. Se trata de que el alumno vea lo que aprende como algo esencialmente valioso con aplicaciones al entorno. Si el niño está estudiando problemas de su ambiente y puede descubrir aspectos de él que son incluso desconocidos para los mayores y que lo eran también para el maestro, sentirá que su conocimiento tiene valor. Si ha aprendido algo sobre las cosechas que puede incidir en el trabajo en el campo o que puede llevarle por lo menos a plantear discusiones con los campesinos, si ha aprendido cuestiones sobre faros que pueden servirle para enseñar cosas a los mayores que ignoran esas cuestiones acerca del faro de la localidad, eso le dará también un mayor interés por su actividad.

En la labor de apertura que la escuela tiene que realizar hacia el medio en el que se encuentra, es conveniente también que la escuela exponga los resultados de los trabajos escolares, y se hagan exposiciones con los mejores trabajos, los más interesantes, y los que pueden proporcionar informaciones de más utilidad. El resultado de los estudios sobre el proceso de fabricación del aceite, sobre el funcionamiento del faro, o sobre la producción de miel, puede dar lugar a una exposición en la escuela que sea visitada por los adultos del pueblo o del barrio, que aprendan en ella sobre cuestiones que puedan resultarles de interés.

En una gran ciudad la organización de los servicios, de los transportes, de la recogida de basuras, de la distribución de los alimentos, o de la producción de las industrias pueden ser igualmente temas de interés. Para estos menesteres la utilización de un ordenador para la elaboración de diagramas, para la redacción de textos y presentación de informes y resultados, puede ser de una gran utilidad.

La integración de las actividades y los conocimientos

En los temas que hemos venido mencionando se mezclan todo tipo de cuestiones, las actuales y las históricas, los problemas de ciencias sociales y naturales, los problemas de conocimiento abstracto y de expresión artística. Y es que esto es lo que sucede en la realidad de la cultura humana.

La ciencia es el resultado de un largo proceso de construcción tratando de dar solución a problemas que se plantean realmente, a problemas prácticos. Posteriormente la ciencia se ha convertido en un cuerpo de conocimientos que tiene su propia lógica, pero que nunca pierde totalmente la conexión con los problemas reales. Las aplicaciones de la ciencia y la tecnología constituyen siempre un motor importantísimo para el desarrollo del conocimiento. ¿Cómo podemos explicar, si no, el reciente interés por la fusión fría, o por las energías alternativas, o por las terapias derivadas de la utilización de células madre? Las consecuencias prácticas de avances en ese terreno serán inmensas.

En la escuela, por el contrario, rara vez se plantean problemas sino que se trata de transmitir conocimientos científicos que son el resultado de un largo proceso de construcción, por lo que la ciencia se presenta como si estuviera acabada. Si se parte de problemas, es preciso hacer una enseñanza integrada en la que se combinen puntos de vista que no pertenecen a la misma disciplina (interdisciplinariedad) y en la que se mezclen los conocimientos físicos, químicos, sociológicos, económicos, literarios, históricos, etc. Por otra parte, la actividad técnica, la tecnología, debe constituir un elemento esencial y un punto de partida de la actividad escolar.

El objeto final del conocimiento debe ser el propio hombre y la vida social; por ello, la historia tiene que ocupar un lugar muy particular. Pero tiene que ser una historia total en la que se relacionen los distintos aspectos del progreso humano, y no simplemente una descripción de acontecimientos políticos o militares. Claro que esto es un punto de llegada y no de partida porque, para los pequeños, la historia resulta incomprensible, ya que no son capaces de entender los diferentes aspectos de la organización social, de las formas de producción y de la vida cotidiana, que subyacen al desarrollo de los fenómenos históricos. Sin embargo, la dimensión histórica de los procesos sociales es algo esencial para entender al hombre, pero en la educación primaria y en los comienzos de la educación secundaria debería presentarse como una dimensión de los fenómenos sociales y no estudiarse en sí misma. Si los alumnos no son capaces de entender todavía las relaciones de producción, no podrán entender tampoco el funcionamiento de una sociedad esclavista, o del régimen feudal.

La ciencia ha de verse también en esa dimensión histórica, en relación con los progresos del espíritu humano, de las formas de pensamiento, de la organización social, lo que puede constituir un tema de estudio de un enorme interés para los mayores. Las vidas de los grandes científicos, preparando exposiciones acerca de ellos con materiales que deberían elaborar las administraciones educativas, podrían ser también un estímulo importante. Muchas veces, las vidas y los problemas con que se han enfrentado los grandes descubridores de la historia tienen para los jóvenes un interés gigantesco y constituyen un hermoso modelo para imitar. Además, ese tipo de información hace mucho más ameno el conocimiento de la ciencia y le da una dimensión más humana: los grandes avances científicos son el resultado de la lucha y la tenacidad de hombres como los demás pero que se han esforzado por saber más y que han contribuido a resolver problemas que la humanidad tenía planteados.

El trabajo humano, que ha servido para transformar la naturaleza y modelar la sociedad, ocupa en la escuela un lugar muy pequeño y debería pasar a recibir un tratamiento mucho más específico. En dos sentidos debe ser importante: como objeto de estudio y tema de reflexión dentro de la escuela, y como actividad de los propios alumnos.

Actualmente en la escuela se prepara a los alumnos para el mundo del trabajo enseñándoles a seguir determinados horarios, a realizar actividades que deciden otros, en una palabra, enseñándoles la sumisión. Pero se aprende poco sobre en qué consiste realmente el trabajo humano y su papel en la transformación del mundo. Igualmente no se aprende a trabajar en el sentido que el término tiene fuera del centro educativo. Esto es lo que podría incorporarse directamente a la escuela. Realizar actividades provechosas e incluso comercializar esos productos.

De lo que decíamos anteriormente se desprende que la enseñanza de la ciencia tiene una gran importancia, y es algo que merece que se realice de la mejor manera posible. Esa importancia deriva de tres aspectos fundamentales:

— Vivimos en un mundo en el que los conocimientos científicos y tecnológicos son necesarios para poder entender ese mundo, para poder desenvolvernos en él, e incluso para tener un trabajo.

— La práctica de la actividad científica constituye un excelente entrenamiento en el pensamiento lógico y por tanto contribuye poderosamente al desarrollo intelectual general de los alumnos.

— La ciencia es además una forma de racionalidad, una manera de entender el mundo y, desde ese punto de vista, tiene un valor que desborda la adquisición de unos conocimientos concretos.

La necesidad de conocimientos científicos

La ciencia ha producido unos cambios tan considerables en la vida cotidiana de los habitantes de las ciudades de los países desarrollados, y también, aunque en menor medida, de los restantes habitantes del planeta, que no puede exagerarse su importancia. El hombre ha modificado sustancialmente el mundo en el que vive y controla más y más los fenómenos naturales, desde el tiempo atmosférico hasta las cosechas o las erupciones de los volcanes, y puede predecir una gran cantidad de fenómenos que afectan decisivamente a su vida. El desarrollo técnico constituye un elemento esencial dentro del cambio que se produce, y ese desarrollo técnico —solidario de las transformaciones sociales y parte del desarrollo de las fuerzas productivas— impulsa el progreso científico.

Para vivir en el mundo actual es necesaria una serie de conocimientos científicos y técnicos y, si no, el mundo resulta totalmente incomprensible; incluso las posibilidades de encontrar empleo son muy reducidas si no se dispone de esos conocimientos científicos elementales. Cada vez es más necesario entender principios de la ciencia y el funcionamiento de las máquinas, y, de la misma forma que una persona que no sabe leer y escribir apenas puede desenvolverse en una gran ciudad, el que no sabe algo de ciencias, el que no sabe leer en la naturaleza, tiene unas posibilidades de actuación, e incluso de trabajo, más escasas.

Pero además de adquirir una serie de conocimientos sobre los contenidos científicos, el individuo tiene que conocer también la forma de trabajar en la ciencia y cómo actúan los científicos. En realidad saber cómo funciona la ciencia es lo más esencial para la indispensable "alfabetización científica", pues los contenidos por una parte cambian con el desarrollo de la ciencia, pero, sobre todo, son inabarcables en toda su extensión por un individuo normal.

El desarrollo de capacidades lógicas

La práctica del trabajo científico implica la utilización de múltiples instrumentos de tipo lógico, cuando ese trabajo se realiza de una manera creadora y original. El sujeto, al mismo tiempo que va formando nociones de tipo científico, a la par que construye su conocimiento sobre las cosas y sus relaciones, abstrae unos principios de tipo general, de tipo lógico-matemático que no pueden dársele hechos sino que él tiene que construir por sí mismo.

Durante largos años se defendió la utilidad de la enseñanza de las lenguas clásicas para la formación de los alumnos porque se suponía que contribuía a desarrollar precisamente esa capacidad lógica. Sin duda, la competencia lógica puede desarrollarse de múltiples maneras y, siempre que tengamos que realizar un esfuerzo intelectual, estamos recurriendo a ella, pero hay formas más adecuadas y otras menos adecuadas de desarrollarlas. La enseñanza de las lenguas clásicas no es probablemente mejor que la resolución de acertijos o que otras tareas con alguna carga cognitiva, como puedan ser completar crucigramas, para el desarrollo del pensamiento lógico. Naturalmente ese conocimiento tiene otra utilidad, como es conocer nuestro pasado y familarizarnos con una cultura de la que somos herederos.

Pero el aprendizaje de la ciencia tiene un interés mucho más amplio no sólo por los contenidos que transmite, sino por la variedad y riqueza de las estructuras lógicas que implica. Aparte de eso puede resultar, para la mayoría de los alumnos si se realiza de forma adecuada, mucho más fascinante que el aprendizaje de lenguas que ya no se hablan.

La ciencia como forma de racionalidad

La escuela debe contribuir a que los escolares sean capaces de entender, de explicar racionalmente y de actuar con eficacia ante los fenómenos naturales y sociales y, para ello, deben conocer los rudimentos de las ciencias naturales y sociales, la historia del hombre y las formas de actuar sobre la realidad por medio de la tecnología. Pero el conocimiento de las ciencias, y sobre todo el espíritu o la actitud científica, es más que el simple conocimiento de las ciencias. La escuela no ha de limitarse a enseñar ciencias sino que tiene que hacer algo más.

En efecto, entre las tareas principales de la escuela tiene que incluirse enseñar al niño a pensar racionalmente. La racionalidad es, o puede ser, una de las grandes conquistas de la humanidad. El hombre ha conseguido en su larga filogénesis depender menos —tanto en el plano racional como en el afectivo— de la situación presente que los animales y, de ese modo, estar también menos sometido al aspecto perceptivo de la situación, a las apariencias, e igualmente depender menos de las pulsiones momentáneas, de los deseos imperiosos pero pasajeros. Su desarrollo intelectual le permite alejarse espacial y temporalmente de la situación presente, hacia atrás o hacia adelante y, de este modo, considerar las consecuencias de su acción o los antecedentes de ella. La racionalidad es precisamente someter ese aspecto inmediato a otros más duraderos, a un sistema universal de valores, evitando las contradicciones y examinando esas consecuencias de la acción. Pues bien, la escuela debe contribuir al desarrollo de esa racionalidad. Desgraciadamente esa racionalidad está poco extendida, y los medios de comunicación contribuyen a dar espacios a charlatanes y videntes que procuran difundir creencias insostenibles, que sólo arraigan por la ignorancia de los que las escuchan, por su falta de preparación. La ciencia puede contribuir a colocar en su lugar adecuado los mitos religiosos, nacionalistas, racistas, que arraigan fácilmente en las mentes poco entrenadas en el pensamiento.

Una de las formas de la racionalidad la constituye el pensamiento científico, aunque no es la única. Éste es un motivo por el que el pensamiento científico deba ocupar un papel central en el trabajo escolar. Pero el pensamiento científico es sobre todo un método, una actitud, un modo de abordar los problemas y no una serie de ideas, de contenidos o de resultados a los que los hombres han llegado a lo largo de su historia. No hemos de perder de vista que nuestro objetivo es enseñar a pensar libremente, creativamente, para hacer individuos mejores, más libres y, en la medida de lo posible, más felices.

Por esto de nada nos sirve, si lo que queremos es contribuir a mejorar a los hombres, que los niños aprendan mucha física o mucha historia. Lo importante es que sean capaces de reflexionar con rigor sobre los problemas físicos o sobre la historia, que sean capaces de reflexionar sobre el universo físico y el universo social. Lo que tienen que aprender entonces es esa actitud hacia las cosas, y esa actitud sólo se puede alcanzar practicándola, ejercitando en el aula el pensamiento riguroso y creativo frente a problemas nuevos. Podríamos decir que lo que hay que aprender es a comprender la naturaleza de la actividad científica que es, sobre todo, una forma de tratar las cosas, de interrogar a la realidad, de dudar de las explicaciones generalmente admitidas y de examinar las consecuencias de nuestras conjeturas. En última instancia, es la búsqueda permanente del porqué de las cosas y la construcción de un sistema que permita organizar nuestra visión del mundo.

El aprendizaje natural

Nuestro punto de partida es que si a los niños les interesa aprender, si tienen una enorme curiosidad por saber más cosas, si su actividad incesante de exploración durante los primeros años de vida está encaminada precisamente a aprender y a descubrir, lo que tenemos que hacer es enseñar en la escuela de la misma manera en que se produce el aprendizaje natural: que se realiza todos los días y mediante el cual aprendemos la mayor parte de las cosas que son esenciales para nuestra vida. Creo que ese aprendizaje natural no es una entelequia, sino que se aprende a diario muchísimo, con gran facilidad y sobre todo con enorme placer.

La primera característica del aprendizaje natural es que versa sobre cuestiones que interesan al sujeto. Es decir se aprende sobre lo que a uno le interesa aprender. Una consecuencia de esto es que resulta casi imposible enseñar a un individuo lo que no le interesa aprender, o intentar que lo aprenda. Para ello, en la escuela se recurre a buscar objetivos ajenos al aprendizaje, dar premios por aprender o castigos por no hacerlo —fomentando una motivación extrínseca— como es dar satisfacción a los padres, convencerle al alumno de que de esa forma se hará una "persona de provecho", castigarle si no aprende, todo tipo de rechazos afectivos si no tiene buenas notas, etc. Ante estas terribles asechanzas, muchos alumnos optan por aprenderse lo que se les pretende enseñar, aunque otros siguen siendo reacios y se niegan. Frente a esto, el aprendizaje natural se realiza porque te proporciona placer lo que haces, porque la actividad es placentera en sí misma o porque lo que aprendes te resulta útil, interesante, divertido. En esto se parece al juego, en realidad podemos decir que aprender es un juego.

Se puede objetar aquí que no es posible practicar este método, porque de esa manera no se podría conseguir que los chicos aprendan lo que tienen que aprender. Pueden interesarles cosas irrelevantes, que no tienen que ver con lo que precisan saber para su vida futura, etc. Sin embargo, estoy convencido de que ese peligro no existe. Los intereses de los niños son muy variados en cada edad y a partir de ellos se pueden suscitar otros. Los intereses no son algo rígido e inmutable, sino que dependen mucho de lo que ya se sabe, de los intereses anteriores y de las respuestas que se han encontrado para los problemas que nos hemos planteado. Un niño de 3 años puede interesarse mucho por comparar cosas de distintos colores y por poner juntas las que son del mismo color o por aprender los nombres de los colores. Pero si queremos además que aprenda cosas sobre el origen de los colores, la descomposición de la luz blanca o incluso sobre las mezclas de colores, tendremos muy poco éxito y conseguiremos aburrirle soberanamente. En cambio un niño de 6 ó 7 años es probable que se interese por mezclar colores y, a partir de los 11 ó 12, puede distraerse mucho viendo cómo un prisma de cristal permite descomponer la luz, cómo se puede componer el blanco a partir de distintos colores haciendo girar rápidamente una peonza o cómo hay partes del espectro que no son visibles. Pero además los intereses de un adolescente, pongamos por caso, son producto de los intereses y de los problemas que se haya planteado antes. Si apenas le estimularon a jugar con cosas de colores, si no le dejaron mezclarlos y pintar con ellos, posiblemente tampoco le interese saber cómo está formada la luz blanca, en qué consiste el mecanismo de la visión o para que sirve un prisma. Y también es probable que no se preocupe demasiado por intentar hacer cosas bellas con colores.

El profesor, y los adultos en general, tienen en su mano contribuir a que los intereses del niño se amplíen o se reduzcan. Para lo primero hay que ayudarle a encontrar respuesta a las preguntas, a que sea capaz de resolver problemas; para lo segundo no hacer caso de esos intereses, decirle cuando pregunta que deje de molestar, no ayudarle a ver la utilidad del saber.

Unos problemas van dando lugar a otros y lo que no se puede hacer es saltarse los pasos. La curiosidad se mantiene y se aumenta o se destruye. La mayor parte de los adultos ha perdido su curiosidad a través de no haberla visto satisfecha. Si en la escuela la mayor parte de las preguntas del niño no tienen cabida y fuera de ella tampoco encuentran respuesta, perderá la curiosidad y se resignará a aprender cosas cuyo sentido no ve, pero que se le exigen. Así habrá aprendido lo que los adultos quieren que sepa, pero no le valdrá para gran cosa porque será un saber muerto, estéril, inerte.

La historia de la ciencia como guía

El conocimiento del desarrollo histórico de las disciplinas científicas tiene un gran interés para el profesor y el planificador de la educación. No se trata, sin embargo, de que se pueda hacer una utilización directa de la historia de la ciencia, o en todo caso éste es un aspecto secundario. Pero la historia de la ciencia es una excelente guía para el trabajo en el aula.

Por lo menos en tres sentidos distintos resulta útil la historia de la ciencia en el aula:

a) Las ideas de los chicos para la explicación de multitud de fenómenos, por ejemplo en el terreno de la física, de los conceptos matemáticos, o las ciencias sociales guardan una cierta relación con nociones precientíficas que se han formado a lo largo de la historia. Puede citarse, como ejemplo, la explicación del movimiento de los proyectiles que proporcionan algunos escolares y que es semejante a la que daba ARISTÓTELES como ha mostrado PIAGET. Muchos chicos conciben el calor como una sustancia que pasa de un objeto a otro. Otros defienden la generación espontánea. En economía formulan explicaciones semejantes a las del precio justo de los pensadores medievales.

No quiere esto decir que el desarrollo del individuo esté recapitulando o reproduciendo el desarrollo de la especie, el desarrollo histórico de la humanidad. Lo único que indica es que, cuando nos enfrentamos con un problema, provistos de pocos medios y conocimientos, llegamos a una cierta solución que puede ser semejante en un niño de hoy a la de un adulto de hace siglos. Conocer entonces las ideas sobre determinados conceptos científicos, el desarrollo histórico de una ciencia, puede facilitarnos entender algunas explicaciones que dan los chicos sin que tengamos que encontrar un paralelismo entre ellas ni que esperar que sean siempre iguales. Lo más instructivo de esa comparación es la convergencia en lo que PIAGET, en una obra póstuma sobre las relaciones entre la psicogénesis y la historia de la ciencia, ha denominado "mecanismos de paso" (PIAGET y GARCÍA, 1983).

b) El desarrollo de una disciplina nos proporciona sugerencias sobre el orden en que deben enseñarse ciertos conceptos o partes de la misma. Históricamente se han desarrollado primero las partes más sencillas y, por tanto, las que más fácilmente puede entender el alumno. Así, por ejemplo, resulta más sencillo aprender nociones de mecánica que de electricidad, parte de la física que se ha desarrollado más recientemente que la mecánica.

c) La historia de la ciencia es en un tercer sentido útil porque nos ayuda a comprender la historia en general y debe integrarse con lo que habitualmente se enseña en historia. El desarrollo científico está ligado al conjunto del desarrollo social, y muy frecuentemente los problemas científicos han surgido a partir de problemas concretos y materiales que se planteaba la sociedad. La comprensión de la ciencia y de la historia de la humanidad se benefician mutuamente si las ponemos en relación.

Si suponemos que el alumno necesita actuar sobre las cosas para aprender, tenemos que aceptar la necesidad de una enseñanza experimental de las ciencias. Esto es algo que hoy prácticamente todo el mundo acepta y defiende, pero el gran escollo con el que nos enfrentamos es la relación entre experimentación y teoría, ya que ésta no deriva directamente del experimento. Pero podemos proponer prácticas en las que la experimentación facilite la introducción de nociones teóricas, sin dar por supuesto que éstas van a surgir directamente de aquellas.

A partir de todo lo anterior, se puede formular una propuesta diferente de la enseñanza de la ciencia que tenga en cuenta los distintos aspectos que hemos ido poniendo de manifiesto:

— Debe partir de las ideas espontáneas del niño y tener en cuenta tanto su desarrollo intelectual general como la articulación de las nociones científicas que se estén tratando de enseñar.
— Es necesario realizar una enseñanza experimental en la que el niño actúe, pero en la que se planteen también problemas teóricos.
— Se debe utilizar la historia de la ciencia y de la técnica como una guía para el trabajo escolar.

Por supuesto, tenemos que contar con la preparación del profesor y su nivel de conocimientos científicos. Hay que procurar que pierda el miedo a las ciencias y el miedo a la experimentación proporcionándole materiales adecuados especialmente diseñados para esta enseñanza activa. En este sentido, creemos que se deben elaborar materiales para el trabajo en el aula y preparar a los profesores para que sean capaces de utilizarlos de una forma creativa.

La comprensión de la naturaleza de la actividad científica

Una de las razones del bajo rendimiento que obtienen los escolares en la adquisición de teorías científicas creemos que se encuentra en que no han comprendido la naturaleza de la actividad científica. Por ello el trabajo que realizan en la escuela en este terreno les parece carente de significado y no logran interesarse por él.

La relación del niño con su entorno es inicialmente práctica, es decir que consiste en la actuación material sobre las cosas. El uso del lenguaje le va a permitir referirse a las cosas y actuar sobre ellas de una forma no directa sino simbólica. Pero el trabajo científico supone además la búsqueda de generalidades y la introducción de elementos que transcienden lo observable, en una palabra, la formulación de conjeturas para explicar los fenómenos no directamente contrastables. Esto resulta, como actividad, algo difícil de comprender. Razones de tipo sociológico favorecen o dificultan esta comprensión. Aquellos chicos que están acostumbrados a ver en su entorno, en su casa, esa forma de relación indirecta con las cosas que supone el trabajo intelectual, tienen más facilidad para comprender el tipo de actividad relacionada con la ciencia que llevan a cabo en la escuela.

Pero aquellos chicos que provienen de un medio en el que no existe esa actividad, que viven en un ambiente más relacionado con el trabajo manual, tienen una dificultad suplementaria para entender en qué consiste ese trabajo, y la ciencia escolar no les facilita la tarea. Cuando se está acostumbrado a actuar sobre las cosas, y a que los mayores actúen también sobre ellas, a hablar de acontecimientos concretos, las nociones de física o de química, o los conceptos matemáticos o sociales, son algo muy alejado de lo que puede entenderse con facilidad. Frecuentemente sucede que los alumnos, en clase de matemáticas, no entienden el tratamiento que se está dando a unos enunciados, la demostración de un teorema, o la resolución de un problema. Y esto se debe (entre otras causas) a que el chico no ha comprendido la naturaleza de la actividad matemática en la que hay una gratuidad en el punto de partida y una necesidad una vez que se han aceptado los presupuestos.

En las ciencias de la naturaleza y en las ciencias sociales el problema no se plantea de una manera tan extremada como en las matemáticas, pero subsiste todavía una considerable dificultad para comprender en qué consiste el trabajo del científico que maneja abstracciones, y a menudo se pierde de vista la conexión de esas abstracciones con la realidad. La enseñanza escolar debería prestar una especial atención a este asunto y uno de los objetivos que deberían lograr sería enseñar a comprender la naturaleza de la actividad científica. Cuando el alumno sabe que está tratando de formular conjeturas para dar cuenta de un fenómeno y que esas conjeturas deben apoyarse en otros conocimientos anteriores y no estar en contradicción con ellos, que van a servir para explicar algo pero que pueden ser desechadas si no son capaces de dar cuenta del fenómeno, tendrá mucha más facilidad para comprender el trabajo científico y para aprender las nociones científicas en la escuela, que si ve la ciencia como un conjunto de verdades inmutables que hay que aprender. Así concebirá la ciencia con un relativismo mucho mayor y mucho más ajustado a lo que es la ciencia.

De la misma manera que no se debe, o no se puede, enseñar el método científico, tampoco se puede enseñar de una manera explícita cuál es la naturaleza de la actividad científica. Pero las actividades que se programan en la escuela deben estar encaminadas a facilitar esta comprensión por parte del alumno.

El conocimiento de la realidad social

Los alumnos han de aprender a reflexionar y a comprender distintos aspectos de la realidad y, partiendo de problemas, se mezclarán frecuentemente los temas referentes a la naturaleza y los de la vida social. Pero la sociedad, entendida en un sentido amplio, es un objeto de conocimiento que presenta sus propias peculiaridades.

Si lo que nos interesa que forme la escuela son hombres libres, seres autónomos y capaces de cooperar y de compartir las cosas con los demás, el conocimiento del hombre debe ser el objeto final de la actividad escolar. Como señalaba KANT, la antropología, el estudio del hombre, es la disciplina a la que en última instancia se refieren todos los demás conocimientos, y la pregunta ¿qué es el hombre? es la cuestión final que debemos tratar de contestarnos. La antropología es la culminación de las ciencias, entendiendo antropología en ese sentido amplio que le daba KANT, que sin duda no es el habitual en la ciencia de hoy en día.

Entender al hombre supone entender la sociedad, y buena parte de la actividad en la escuela debería estar orientada a conseguir ese objetivo. En la actualidad el conocimiento social constituye una parcela muy descuidada en el trabajo escolar, y se considera marginal frente a otras disciplinas, lo que se traduce en que su enseñanza sea muy deficiente. Además, los estudios sociales se consideran menos importantes e interesantes que las ciencias de la naturaleza, las matemáticas o el lenguaje.

Tal vez debido al prestigio de que gozan las ciencias de la naturaleza —por sus éxitos y sus aplicaciones tecnológicas—, a que las ciencias sociales tienen un grado de desarrollo teórico menor, a que hay menos acuerdo sobre las teorías, a que resultan más complejas, o a alguna otra causa, el hecho es que las enseñanzas sociales reciben una atención secundaria. Del currículum tradicional de las escuelas estaban ausentes la mayor parte de las disciplinas sociales y sólo la historia, entendida como una narración, recibía un tratamiento relativamente amplio. En cambio la economía, sociología, psicología, política o antropología brillaban por su ausencia. La importancia de la historia, considerada como un conjunto de datos y acontecimientos, muchos de ellos biográficos, se debía a que su objetivo era la glorificación del espíritu nacional, alabar las supuestas virtudes propias, y mantenerse unidos frente a los otros países, tratando de fomentar la cohesión del grupo, una aspiración que parecen haber renovado entre nosotros los gobiernos de algunas Comunidades Autónomas. Hoy, cuando formamos parte de la Unión Europea, cuando los derechos humanos se tienden a considerar como derechos universales y se pretende que nada humano nos debe ser ajeno, resultaría mucho más importante dedicar atención a los fenómenos sociales en general.

Es cierto que la sociedad, y el hombre en el conjunto de sus actividades, son objetos de estudio muy complejos porque se requiere entender el funcionamiento de sistemas alejados espacio-temporalmente pero que mantienen relaciones estrechas y que se determinan. Por esto, es difícil estudiar desde temprano los fenómenos sociales en su aspecto auténticamente social, y su estudio requiere disponer de formas adecuadas de abordar los temas dentro del aula, temas sobre los que además los chicos tienen poca experiencia personal. En efecto, mientras que el niño está plenamente integrado dentro de los fenómenos naturales, que le afectan de idéntica forma que a los adultos, sin embargo experimenta los fenómenos sociales de una forma parcial, y no participa en el trabajo y en otros aspectos de la vida social. Esto, además de la complejidad intrínseca de los problemas, los hace difíciles de estudiar, pero la importancia del asunto merece el máximo esfuerzo. Sin embargo, los niños tienen también experiencia de la vida social y se interesan por ella, por comprar en la tienda, por las profesiones, por la escuela. A partir de la adolescencia, en que el mundo social se empieza a entender mejor, el interés aumenta mucho. Pero eso no quiere decir que no se pueda reflexionar antes sobre la vida social. RICHMOND (1973) describe cómo consiguió interesar a sus alumnos, un grupo conflictivo de 5.º año, poco dado a interesarse por el trabajo escolar, a partir de la discusión sobre si eran ricos o pobres, lo que llevó a profundizar en otros problemas económicos, creando juegos que simulaban la actividad económica y que permitían entender el beneficio.

Por tanto, creemos que en una escuela cuyo objetivo sea hacer a los individuos libres, el conocimiento de la realidad social constituye un aspecto esencial, quizá el más importante de todos los conocimientos que pueden adquirir, pues los individuos sólo son libres cuando conocen sus propias limitaciones, cuando conocen las presiones y las restricciones a las que están sometidos, si conocen sus capacidades, lo que deberá permitirles actuar como agentes autónomos. Por el contrario, la ignorancia de la propia situación no conduce a la libertad, sino a la sumisión, a ser un súbdito más dócil y maleable. En la sociedad actual se tiende a hacer que los individuos vivan engañados en un mundo de ficciones bien instaladas en su conciencia, una de las cuales es la ilusión de que son libres, sobre todo para consumir, cuando en realidad somos casi autómatas programados y sometidos a múltiples controles, y se nos somete a un lavado de cerebro intensivo para que lleguemos a creer que lo que se quiere que hagamos es en realidad lo que nos gusta.

Posiblemente una de las razones que explican la escasa importancia que se concede a los estudios sociales esté también en la desconfianza de parte de las fuerzas sociales a que se profundice demasiado en el conocimiento de los mecanismos de organización social. Lo más probable es que todas las razones anteriores actúen de consuno: dificultad intrínseca, falta de experiencia social de los niños y desconfianza de los que mandan para que se profundice demasiado en lo referente al orden social.

El descubrimiento de lo social

Pero la escuela debería convertirse, entonces, en un centro de análisis de la realidad social, en un laboratorio desde el cual estudiar las diferentes realidades sociales en las que estamos inmersos para poder examinarlas y decidir acerca de ellas, empezando por la propia vida en el aula y en la escuela, como se desprende de lo que decíamos en el capítulo anterior. Es necesario tomar conciencia de nuestra naturaleza social y del peso que lo social tiene en nuestra condición de seres humanos, conocer los diferentes aspectos de la realidad social en los que participamos, ser capaces de obtener información acerca de ellos y poder descentrarnos respecto a nuestra propia realidad para situarnos en otras perspectivas, en otras realidades sociales, que creo que es el mejor antídoto contra el nacionalismo, el fanatismo y la intolerancia.

El conocimiento social del niño es muy paulatino y lento (DELVAL, 1989; DELVAL y PADILLA, 1999). En sus relaciones con los otros empieza pronto a descubrir regularidades y, a través de ellas, a descubrir la existencia de otros. En esas relaciones con los otros empieza a encontrar normas que establecen lo que se debe hacer y lo que no se debe hacer. Las normas fijan los límites de la actuación: hay que comerse toda la comida, no hay que tirar cosas al suelo, no hay que pegar a los otros, hay que dormirse cuando te llevan a la cama, etc. La norma adquiere su fuerza de los adultos que la establecen y castigan su incumplimiento. Pero también se van descubriendo regularidades sobre la conducta de los otros, mamá lee el periódico, papá hace la ensalada, el médico te da pastillas para ponerte bueno, etc.

A través del registro de esas regularidades en la conducta de los otros, se empiezan a descubrir los diferentes papeles sociales (roles) que se desempeñan en la sociedad. Ésta es la primera manifestación de un conocimiento propiamente social. En efecto, el descubrimiento de regularidades en la conducta de otros individuales no supone todavía un conocimiento propiamente social, sino personal o psicológico, simplemente se registra que otro, en una determinada circunstancia, hace algo. Pero, cuando se empiezan a atribuir comportamientos determinados a categorías de personas, aparece un comienzo de conocimiento social. Las mamás hacen esto, los papás lo otro, los médicos aquello, el tendero nos pide dinero cuando nos da el pan, la maestra canta con los niños, los barrenderos limpian la calle por las noches, etc. Están empezando a aparecer funciones sociales que transcienden a los individuos. Esto puede permitir hacer inferencias o tener expectativas acerca de lo que va a hacer una persona según su función. Este progreso es muy lento y el descubrimiento de esas funciones sociales está todavía muy teñido de aspectos psicológicos.

A través de ese conocimiento de papeles sociales, el niño establece *guiones* para comportarse en distintas situaciones. Sabe lo que tiene que hacer cuando llega a la escuela, cuando va al médico, cuando está en la tienda. En cada una de esas situaciones precisa un repertorio de conductas adecuadas sobre lo que debe hacer, pero también, y esto es muy importante, sobre lo que van a hacer los demás; es decir que el sujeto tiene su propio guión y el de los otros, al menos en lo que le afecta a él.

Todo esto supone entonces un progreso en el conocimiento social, pero todavía es limitado y se refiere a la conducta de otros en situaciones determinadas. Lo que no hay aún es un conocimiento de las fuerzas sociales, de lo que hace que esos individuos se comporten así, de lo propiamente social que hay en esas conductas. Falta todavía lo mas puramente social, lo institucional. La sociedad es el conjunto de las relaciones entre los individuos, que no es reductible a los aspectos individuales, y ese aspecto propiamente social es lo más difícil de entender, y lo más tardío. El niño comienza a entender los papeles sociales como algo individual. El tendero cobra por lo que vende, y a veces cobra más, otras menos y otras igual que lo que él ha pagado por la mercancía, se trata de una decisión individual; hasta los 10 años niños y niñas no se dan cuenta de la necesidad de la ganancia para que el sistema de la tienda pueda funcionar (DELVAL y ECHEITA, 1991).

La sociedad, tal y como la concibe el niño hasta los 10 u 11 años, está determinada por un conjunto de decisiones voluntarias individuales. No se ve todavía el aspecto social, que precisamente trasciende a los individuos, no depende de su voluntad; no se entiende que, por el contrario, los individuos están sometidos a la presión del grupo. No podemos sustraernos a las normas sociales más que a riesgo de marginarnos de la vida social. Si no seguimos los rituales de saludo, las costumbres en las relaciones con los otros, si no desempeñamos nuestra actividad como está prescrito, nos convertimos rápidamente en marginales.

Al carecer de ese sentido de lo social, el niño no consigue entender el significado de las instituciones, el gobierno, los partidos políticos, los bancos, las empresas, las asociaciones, etc. Sus funciones se ven desde el prisma de lo individual y de lo voluntario, gobernados por el deseo, sin estar sujetos a normas generales, que transcienden a los individuos. Los niños tienen dificultad para separar la persona de la función; por ello entienden la función del gobierno como la ejecución de decisiones individuales. El Presidente, o el Rey, dicen dónde hay que hacer una carretera, que día terminan los colegios, mandan recoger las basuras de la calle. Las decisiones que se contemplan son siempre muy concretas. Las leyes son, sobre todo, prohibitivas y constituyen actos que derivan de la voluntad de algún individuo.

Hacia los comienzos de la adolescencia, el niño empieza a adquirir el sentido de la comunidad, de lo que transciende la decisión de un individuo, por importante que éste sea. Sólo entonces se empiezan a entender las restricciones sociales, que hay normas a las que todos estamos sometidos, incluso los responsables de ellas o de su cumplimiento.

No nos vamos a extender más sobre los progresos del niño en el conocimiento social; sólo queríamos llamar la atención sobre la complejidad del proceso y su lentitud. Ahora bien, el hecho de que lo propiamente social no se logre captar hasta la adolescencia no quiere decir que no deba ser objeto del conocimiento escolar desde mucho antes. Por el contrario, se pueden ir abordando diferentes aspectos de la realidad social y facilitar que los niños trabajen sobre ellos, tratando de encontrar regularidades y estimulando que generen ellos mismos sus explicaciones para trabajar sobre ellas.

En la escuela, el niño debe distinguir los distintos ámbitos de los fenómenos sociales entre los cuales se cuenta lo político, lo económico, las diferentes instituciones sociales, las costumbres, los valores del grupo incluyendo los valores nacionales, las diferentes culturas y todos los fenómenos relativos al hombre que constituyen el objeto de la antropología, así como la dimensión histórica, temporal, de los fenómenos sociales. Todo esto es difícil de adquirir y sólo puede hacerse de una forma bastante completa en una etapa tardía, ya en el período del pensamiento formal o hipotético-deductivo. Pero todo ello puede prepararse mediante actividades que se realicen anteriormente.

Los objetivos del conocimiento social

Un primer aspecto es el del gobierno de la sociedad: cómo se toman las decisiones sociales, quién las toma, cómo funcionan las instituciones y los servicios en la sociedad, desde los servicios municipales que son los que el niño tiene más próximos. Pero también cómo funciona la sanidad, la escuela, etc. Evidentemente esto se refiere más a las instituciones que al orden político, pero quizá sea bueno partir de ahí para llegar a ese orden más abstracto que es la democracia representativa. El niño puede llegar a conocer estas cosas a partir de su propia experiencia y siempre es deseable hacerlo así; por ello la actividad escolar puede ser un punto de partida importante. Partidos políticos, leyes, división de poderes, etc., son otros aspectos a los que luego se puede llegar.

El otro gran ámbito esencial es el conocimiento del orden económico. Cómo se administran y se reparten recursos que siempre son escasos. El niño tiene que entender que la escasez está ligada a todas las actividades humanas aunque se trate de una escasez relativa. Tiene que entender el proceso de la distribución de las mercancías que se realiza en la tienda, el proceso de producción, la determinación de los precios, etc.

Entre las instituciones, la primera que se debe estudiar es la institución escolar. El niño debe adquirir una idea clara de para qué sirve la escuela y ser capaz de analizar su funcionamiento y su propia posición dentro de ella. Otras instituciones importantes son la familia y las asociaciones de tipo político. Es muy importante el aspecto de las normas jurídicas y sus relaciones con la moral, distinción que los niños van estableciendo lentamente.

Las costumbres y los usos sociales pueden ser un campo de análisis particularmente interesante dentro de la escuela que sirve para que el niño tome conciencia de su propia realidad social, primero, porque pueden estudiarse fácilmente en el propio entorno del niño, y, en segundo lugar, porque pueden conducir a una descentración cultural que es extremadamente importante. Frente a los nacionalismos y los particularismos, el individuo debe verse también como miembro de la humanidad. Es importante sentir que se pertenece a una comunidad limitada, pero eso no debe hacerse en detrimento de la pertenencia a comunidades mucho más amplias. También sirve para darse cuenta de que lo que a uno le parecen valores absolutos en realidad son relativos, y otros hombres hacen las cosas de manera diferente. El análisis de la información de otras culturas a través de documentos escritos, películas, etc., puede ser de un gran interés en esta línea de trabajo.

Se debe aprender a tomar conciencia del aspecto temporal e histórico de los fenómenos sociales. El niño tiende a ver los fenómenos de una manera intemporal y el tiempo es siempre un aspecto muy difícil de comprender, un aspecto que resulta muy escurridizo. En relación con el tema de las costumbres y las variaciones entre diferentes culturas, es preciso también una descentración temporal y darse cuenta de que en nuestra misma localidad se ha vivido de otras maneras. Y esto también puede estudiarse a partir de la propia actividad y búsqueda realizada por el niño/a.

En una palabra, todos los aspectos de la realidad social deben ser objeto de estudio dentro de la escuela y pueden constituir asuntos fascinantes: el vestido, las formas de vivienda, los modos de alimentación, las relaciones sociales, el cuidado de los niños, el establecimiento de la familia, los rituales de amistad y amorosos, todo ello puede resultar muy interesante.

La historia

Si entendemos la historia como una especie de registro de cosas que los seres humanos han hecho en el pasado, formado sobre todo por acontecimientos que se pueden considerar descollantes, no parece que sea grave prescindir de la historia en la enseñanza temprana. La historia de reyes, guerras, tratados, alianzas, declaraciones, etc., actos únicos que podemos conmemorar al cabo de uno o varios siglos, tiene su valor como cultura general, y constituye parte del equipamiento que debe tener toda persona culta. Pero su valor formativo es escaso, y bien puede dejarse relegado para los últimos años de la enseñanza secundaria. Es claro que conviene saber quiénes fueron los Reyes Católicos, Carlos V, Cristóbal Colón, Napoleón, San Martín, Juárez, Bolívar, Hitler o Lenin, aunque sólo sea para que los nombres de las plazas o calles tengan algún significado para nosotros o para que podamos resolver crucigramas.

Pero la historia puede ser mucho más que eso y, estudiada de otra forma, puede y debe ser un elemento fundamental de la formación de un hombre libre. Porque si hemos dicho que el hombre debe ser, en última instancia, el objeto principal de la actividad escolar, para entender al hombre es indispensable la historia. El hombre es un ser histórico, que ha ido construyéndose a lo largo de su pasado, que se ha ido haciendo a sí mismo, en el transcurso de su evolución, y no puede entenderse lo que somos, ni cómo es la sociedad si no entendemos el proceso a través del cual hemos llegado hasta ahora. La dimensión social y la dimensión histórica son absolutamente inseparables.

Alguien que quiera entender al hombre tiene que ser consciente de su origen, de cómo ha ido modificándose la vida humana desde la época de los cazadores-recolectores, hasta la introducción de la agricultura, el establecimiento de asentamientos permanentes, la aparición de las ciudades, el desarrollo de la tecnología, el advenimiento de la industria, los cambios en las formas de producción, los progresos en las formas políticas, etc. Por supuesto hay que desterrar los mitos de la creación y de una vida humana controlada por fuerzas ocultas ajenas al hombre.

La historia tiene que tratar de la vida humana. El niño tiene que entender que cada cosa que hacemos, que cada instrumento que nos rodea, que cada costumbre, vestido, práctica social, tiene una historia y se ha llegado a ellos tras un largo camino, muchas veces muy tortuoso, con muchos desvíos. Trabajar en fábricas, bañarse en la playa, comer con tenedor, ponerse pantalones, ir a la escuela, son cosas que no siempre se han hecho, y que están ligadas a cambios en la vida humana y a formas globales de vida. Cada uno de esos cambios está unido a un orden social determinado. La historia tiene que tratar de la vida social, de la vida cotidiana, de nuestras actividades más corrientes.

No hay nada más alejado de esta concepción que la enseñanza de la historia que se ha venido practicando, centrada sobre el orden político y sobre los grandes personajes de la historia. Por eso los niños no entienden casi nada de la historia, y para los pequeños no hay diferencias entre la historia de Colón y la de Caperucita Roja.

Probablemente, al menos durante un período educativo, la historia no debe enseñarse como una disciplina independiente, sino que tiene que ser una dimensión del estudio de distintos problemas. Si el niño se sumerge en la vida en su localidad y en las prácticas sociales las puede comparar con lo que pasaba treinta o cien años atrás. Si estudia el vestido, puede situarlo en una perspectiva histórica y antropológica, comparando con otras épocas y con otras culturas. Si estudia las formas de transporte, tiene que entender cómo era un mundo sin aviones, sin coches, sin ferrocarriles, cuando el medio de desplazamiento fundamental lo constituían las piernas del propio hombre y la fuerza de los animales.

No vamos a ocuparnos de otros ámbitos del saber y de la cultura sobre los que podrían caber consideraciones semejantes a las que venimos haciendo. Por ejemplo, es extremadamente importante el cultivo del lenguaje, sobre todo a través de la capacidad de expresión. Pero es fundamental fomentar la lectura y el amor al libro. Y algo semejante podemos mencionar respecto al arte, que ha de vincularse con la historia.

CAPÍTULO IV

Nuevos problemas, nuevos enfoques

El mundo en que nos ha tocado vivir plantea nuevas situaciones que deberían abordarse en la escuela si lo que queremos es preparar a nuestros alumnos para que se integren en él y sepan responder a las nuevas demandas. Estos nuevos problemas merecerían un tratamiento en el currículum, pero no como nuevas materias específicas que se añadirían a los ya sobre-cargados programas, sino que deberían impregnar su organización y sugerir formas de tratamiento de las materias tradicionales. Entre ellos podemos mencionar la educación para el desarrollo sostenible, la educación en los derechos humanos, y la convivencia entre diversas culturas, lo que se suele denominar la interculturalidad, temas que aunque son aparentemente independientes están relacionados.

Educación para el desarrollo sostenible

Creo que resulta cada vez más urgente conseguir que la población tome conciencia de que estamos poniendo en peligro nuestro medio natural por un uso inadecuado de los recursos de los que dispone la humanidad. El bienestar humano, que se va extendiendo a capas cada vez más amplias de la población y que aumenta constantemente, va unido a un uso más abundante de la energía, a una mayor explotación de los recursos naturales y a la producción de una enorme cantidad de desperdicios que la naturaleza no tiene tiempo de reciclar.

Buena parte de este desarrollo se ha producido gracias a haber aumentado la capacidad de consumo de capas muy amplias de la población. El sistema capitalista se ha desarrollado consiguiendo que todos los individuos de los países más adelantados consuman y que lo hagan en una cuantía siempre creciente. Para mantener el funcionamiento del sistema, las empresas capitalistas, se esfuerzan incansablemente en promover el consumo de una gran cantidad mayor de bienes, lo que contribuye a aumentar sus beneficios. Pero esto está produciendo enormes daños en el medio ambiente que se deteriora de forma imparable con efectos que se hacen cada vez más visibles.

Durante cientos de miles de años los seres humanos han vivido en un equilibrio con el medio ambiente. Su consumo de energía y producción de desechos era muy limitado y la mayoría de éstos no alteraba de una forma importante el medio ambiente pues se trataba de desechos orgánicos que se reciclaban naturalmente con facilidad[1]. Pero, en este momento, la actividad humana tiene unos efectos devastadores sobre el medio ambiente.

Impulsados por las compañías productoras de diferentes tipos de mercancías se ha ido identificando el bienestar con el aumento de la capacidad de consumo sin tener en cuenta las consecuencias, y consumir más se ha convertido en una manifestación de estatus social elevado. Se intenta que los productos tengan una duración corta y que sea necesario sustituirlos por otros en un plazo relativamente breve, tanto los vestidos, los artículos para la vida diaria en la casa, como los instrumentos de cocina, los electrodomésticos, los vehículos, en una palabra todos los objetos de uso cotidiano. Botellas, vasijas, recipientes, que en otra época se hubieran utilizado una y otra vez hasta que resultaran inservibles, son ahora de usar y tirar, sólo tienen un único uso porque resulta más rentable a los fabricantes hacer un nuevo envase que reciclarlo.

Esta situación resulta insostenible, y es necesario que todos los individuos tomen conciencia de la necesidad de detener este despilfarro que está llenando la tierra de desperdicios de duración casi indefinida. Se habla siempre en los medios de comunicación de estos problemas, pero generalmente se plantean de una forma muy abstracta y particularizada. Lo que podemos observar es que los individuos, aunque tengan una conciencia general del problema, no son capaces de transferirla a cada una de sus acciones. Por ejemplo no tienen conciencia de que, cuando mantienen abierto el grifo del agua están despilfarrando un recurso escaso, y que lo mismo sucede cuando mantienen innecesariamente encendida la luz o la calefacción, si no resulta indispensable. Y lo mismo ocurre con los residuos.

Las administraciones van tomando conciencia de esa necesidad de reciclar los productos, aunque con mucha más lentitud de lo que sería necesario. Además hay muchos indicios que nos hacen desconfiar de la efectividad de

---

[1] Hace años observaba en un minúsculo pueblo pesquero de la costa mediterránea cómo las familias de pescadores que vivían al borde del mar arrojaban directamente los desperdicios domésticos al agua. Probablemente habían hecho eso durante cientos de años y no tenía mayores consecuencias porque los desechos que arrojaban eran orgánicos y se reciclaban con facilidad: restos de vegetales, de pescado, de carne, y además la población era muy pequeña. Pero posteriormente han empezado a consumir otro tipo de productos que vienen en envases de plástico difícilmente reciclables, sin tomar conciencia de cómo la situación había cambiado, pues seguían arrojando al mar la basura. Eso está pasando también en muchos países en vías de desarrollo que empiezan a que tener acceso a estos productos industriales.

las acciones que emprenden y que muchas veces parecen tener más un carácter propagandístico que de eficacia en la gestión de los residuos.

La preocupación por el futuro de nuestro planeta debe ser un asunto de todos, por lo cual debe convertirse también en uno de los objetivos fundamentales de la actividad escolar, ya que las futuras generaciones no podrán ser felices viviendo en un medio que vamos degradando progresivamente. Cada vez somos más conscientes de que la supervivencia de la vida sobre la Tierra está en peligro y que, de una manera excesivamente alegre y poco previsora, estamos actuando de formas que originan problemas nuevos que podrían evitarse.

Un aspecto esencial de la idea de desarrollo sostenible es que los fenómenos que afectan al hombre y la naturaleza no son independientes sino que están profundamente relacionados. Es decir que supone comprender las relaciones entre problemas aparentemente independientes pero que en realidad están interaccionando entre sí.

Algunos aspectos que tienen que ver con el desarrollo sostenible se abordan actualmente en la educación en sus distintos niveles, pero se hace sin tener presentes las interrelaciones, sino precisamente como fenómenos independientes. Por ejemplo, libros de texto y profesores tienden a hablar de las agresiones y la destrucción del medio ambiente, y se intenta transmitir a los alumnos preocupaciones ecológicas que los niños adoptan con entusiasmo pero que tienden a simplificar de forma extraordinaria, de tal manera que se convierten en consignas con escasa aplicación[2].

Los componentes del desarrollo sostenible en la educación

El desarrollo sostenible no puede identificarse ni con una materia escolar ni con una serie de conocimientos concretos, sino que se trata ante todo de una actitud ante los problemas humanos, una manera de verlos y de procurar resolverlos. Consiste en poner en relación un conjunto de fenómenos diversos pero muy relacionados, por lo que no se puede enseñar directamente desde el principio sino que hay que ir realizando una serie de actividades preparatorias en diferentes ámbitos del saber. Es por tanto un punto al que se debe llegar tras haber recorrido un largo camino. No podremos esperar entonces que los alumnos de primaria comprendan la idea de desarrollo sostenible, pero esa idea debe estar muy clara en la mente de los profesores desde los primeros niveles.

---

[2] En nuestras investigaciones sobre la comprensión infantil de la sociedad hemos encontrado con frecuencia respuestas infantiles que se refieren a la degradación del medio ambiente pero se trata de ideas tan simplistas e inadecuadas que resultan de muy poca utilidad. Por ejemplo, algunos niños nos han manifestado que no deberían existir industrias porque contaminan, mientras que otros afirman que no se deberían utilizar lápices porque para fabricarlos es necesario cortar árboles y este mismo argumento lo hemos encontrado también aplicado a los billetes, ya que también están hechos con materiales que provienen de la madera.

Una comprensión satisfactoria tiene que venir preparada por actividades y por conocimientos que se inician en la escuela infantil, que continúan durante la enseñanza primaria, para alcanzar ideas que sólo tendrán una forma adecuada en la enseñanza secundaria y el bachillerato.

Un planteamiento muy interesante de los distintos problemas implicados en la comprensión del desarrollo sostenible es el que realizan Daniel GIL y un grupo de colaboradores en la Universidad de Valencia (EDWARDS, GIL, VILCHES y PRAIA, 2004; VILCHES y GIL, 2002) que trabajan sobre este asunto desde hace años. En la tabla adjunta (págs. 87 y 88), que se explica por sí sola, se reproduce la enumeración de temas que presentan en sus escritos y que nos parece un planteamiento muy adecuado, completo e integrado de las diferentes facetas del problema. Como puede verse, es un planteamiento muy amplio en el que se incluyen aspectos que pertenecen a muy distintas áreas de conocimiento. La idea de desarrollo sostenible implica también entender el papel de la economía en la vida social, las formas de gobierno, la participación de los ciudadanos, los derechos humanos, etc.

Vamos a tratar ahora de señalar algunas de esas actividades preparatorias. Podemos comenzar por establecer dos grandes ámbitos de conocimiento, uno referente a las relaciones de los seres vivos con su entorno, y otro que se ocupa de las relaciones de los seres humanos entre sí. Pero, en ambos casos, hay que poner un cierto énfasis en la actividad de los seres humanos en su entorno.

El primero de ellos trata del *funcionamiento de la naturaleza*, la vida de los organismos, las funciones vitales, el equilibrio de los seres vivos con el medio. Es preciso comprender la acción de éstos sobre el entorno y cómo esta acción produce transformaciones en él. Un concepto central es, pues, el de *equilibrio*.

Conceptos fundamentales en este ámbito son la comprensión de los *recursos* que proporciona el medio, las materias primas y la energía. Especial atención merece el agua, como elemento fundamental para la vida.

Otra idea importante que subyace detrás de estos asuntos es la de *escasez*. En diversos estudios hemos encontrado que los niños pequeños tienen la idea de que los recursos son inagotables, y que tanto las mercancías como los recursos naturales son muy abundantes; por ello hay que trabajar sobre esa idea de escasez que se adquiere tardíamente.

El otro gran ámbito es el de las *relaciones de los seres humanos entre sí*. Es necesario comprender la naturaleza de la relaciones sociales y las formas de regularlas. Los diferentes tipos de normas, las costumbres, las normas morales y jurídicas. Las diferentes formas de organización política.

Es necesario prestar una cuidadosa atención a los *conflictos* entre los seres humanos y las formas de resolución de éstos. Como señalábamos anteriormente, en la escuela se dedica poca atención a los conflictos, y éste es un asunto sobre el que sería necesario insistir en la formación de profesores. Pero además el paso de la comprensión de los conflictos interindividuales a los conflictos sociales, entre grupos con diferentes intereses, no resulta inmediato y es preciso trabajar directamente sobre ello.

Problemas y desafíos a los que debe hacer frente la humanidad

0) **Lo esencial es sentar las bases de un desarrollo sostenible.**
   Ello implica un conjunto de objetivos y acciones interdependientes:

1) **Poner fin a un crecimiento que resulta agresivo con el medio físico y nocivo para los seres vivos, fruto de comportamientos guiados por intereses y valores particulares y a corto plazo.**

Dicho crecimiento se traduce en una serie de problemas específicos pero estrechamente relacionados:

1.1. Una urbanización creciente y, a menudo, desordenada y especulativa.

1.2. La contaminación ambiental (suelos, aguas y aire) y sus secuelas (efecto invernadero, lluvia ácida, destrucción de la capa de ozono, etc.) que apuntan a un peligroso cambio climático.

1.3. Agotamiento de los recursos naturales (capa fértil de los suelos, recursos de agua dulce, fuentes fósiles de energía, yacimientos minerales, etc.).

1.4. Degradación de ecosistemas, destrucción de la biodiversidad (causa de enfermedades, hambrunas.. .) y, en última instancia, desertificación.

1.5. Destrucción, en particular, de la diversidad cultural.

2) **Poner fin a las siguientes causas (y, a su vez, consecuencias) de este crecimiento no sostenible.**

2.1. El hiperconsumo de las sociedades "desarrolladas" y grupos poderosos.

2.2. La explosión demográfica en un planeta de recursos limitados.

2.3. Los desequilibrios existentes entre distintos grupos humanos —asociados por falta de libertades o por imposición de intereses y valores particulares—, que se traducen en hambre, pobreza... y, en general, marginación de amplios sectores de la población.

2.4. Las distintas formas de conflictos y violencias asociados, a menudo, a dichos desequilibrios:

2.4.1. Las violencias de clase, interétnicas, interculturales... y los conflictos bélicos (con sus secuelas de carrera armamentística, destrucción...).

2.4.2. La actividad de las organizaciones mafiosas que trafican con armas, drogas y personas, contribuyendo decisivamente a la violencia ciudadana.

2.4.3. La actividad especuladora de empresas transnacionales que escapan al control democrático e imponen condiciones de explotación destructivas de personas y del medio físico.

(Continúa)

3) Acciones positivas en los siguientes campos

3.1. Instituciones capaces de crear un nuevo orden mundial, basado en la cooperación, la solidaridad y la defensa del medio y de evitar la imposición de valores e intereses particulares que resulten nocivos para la población actual o para las generaciones futuras.

3.2. Una educación solidaria —superadora de la tendencia a orientar el comportamiento en función de valores e intereses particulares— que contribuya a una correcta percepción de la situación del mundo, prepare para la toma de decisiones fundamentadas e *impulse comportamientos* dirigidos al logro de un desarrollo culturalmente plural y físicamente sostenible.

3.3. Dirigir los esfuerzos de la investigación e innovación hacia el logro de tecnologías favorecedoras de un desarrollo sostenible (incluyendo desde la búsqueda de nuevas fuentes de energía al incremento de la eficacia en la obtención de alimentos, pasando por la prevención de enfermedades y catástrofes o la disminución y tratamiento de residuos...) con el debido control para evitar aplicaciones precipitadas.

4) Estas medidas aparecen hoy asociadas a la necesidad de universalizar y ampliar los derechos humanos

Ello comprende lo que se conoce como tres "generaciones" de derechos, todos ellos interconectados:

4.1. Los derechos democráticos de opinión, asociación...

4.2. Los derechos económicos, sociales y culturales (al trabajo, salud, educación...).

4.2*. Derecho, en particular, a investigar todo tipo de problemas (origen de la vida, clonación...) sin limitaciones ideológicas, pero ejerciendo un control social que evite aplicaciones apresuradas o contrarias a otros derechos humanos.

4.3. Los derechos de solidaridad (a un ambiente equilibrado, a la paz, al desarrollo económico y cultural).

Tomado de EDWARDS, GIL, VILCHES y PRAIA, 2004, pág. 49.

Hay que entender las diferentes *formas de vida* de los seres humanos y los distintos modos de adaptación al entorno, teniendo siempre como telón de fondo esa noción de equilibrio de los seres vivos con su medio. Esto implica hablar de las diferentes culturas, de las instituciones sociales y de las diferencias en las costumbres.

Están implicados aquí los conceptos de justicia y de derechos, así como la igualdad de los seres humanos. En todo ello hay que fomentar la conciencia de la pertenencia de todos a una misma especie y la unidad del género humano, superando los nacionalismos estrechos. Todos los seres humanos tenemos las mismas *necesidades básicas*, muchas de las cuales compartimos con otros seres vivos, y poder satisfacerlas debería ser un derecho.

Hay que tener presente además que los niños en la etapa de educación primaria tienen grandes dificultades para comprender la *complejidad*. Tienden a entender la sociedad como constituida por relaciones simples y directas, fundamentalmente relaciones personales, y la comprensión de las relaciones institucionales se produce tardíamente.

El desarrollo sostenible de la escuela

Una de las ideas centrales que hay que transmitir es que nuestras acciones tienen una incidencia sobre nuestro medio. Esta idea no resulta tan fácil de comprender como podría parecer a primera vista porque supone también darse cuenta de que, aunque la incidencia que podamos tener cada uno de nosotros sobre el medio sea pequeña, somos muchos los que estamos contribuyendo a su degradación. Comprender esto está relacionado con comprender un mundo complejo de relaciones que no son directas y personales.

Frente a lo que se hace actualmente, es necesario educar en la austeridad y no en el despilfarro. El interés de muchas empresas está en que se consuma más y se produzca el despilfarro, y los escolares se adhieren fuertemente a esta práctica. Pero tenemos que educarlos justamente para lo contrario, para no gastar más de aquello que se necesita.

Creo que uno de los métodos más eficaces para mejorar la conciencia ciudadana respecto al desarrollo sostenible consiste justamente en la formación escolar. No sólo porque los escolares son los ciudadanos del futuro, sino porque pueden incidir poderosamente sobre la conducta de sus familias y, en cierto modo, educar a los adultos.

Dado que las ideas sobre el reciclaje son en muchos aspectos simples y atractivas para los niños, deberíamos aprovechar esta situación para que las impulsaran en sus hogares. Probablemente los niños entiendan esas prácticas mucho mejor que sus familiares adultos, y pueden ejercer un cierto control sobre ellos. Pero, para eso, es necesario convertir la teoría en práctica y tener presente en las actividades habituales que pueden contribuir a un mejor tratamiento de los residuos y también a un ahorro de los recursos. Por ejemplo, los profesores podrían discutir periódicamente con sus alumnos cómo están practicando la recogida de residuos, si están separando los plásticos o los envases del resto de la basura, si utilizan sólo el agua o la electricidad estrictamente necesarias, si ponen juntos todos los papeles que se utilizan en el hogar, si guardan las pilas para llevarlas al contenedor, etc. Realizando estas actividades, los alumnos de las escuelas podrían ser agentes muy eficaces en favorecer un desarrollo sostenible y podrían tener una gran influencia sobre los adultos menos sensibles a estas prácticas. Los niños podrían llevar un inventario en su cuaderno sobre los residuos que han reciclado.

En las escuelas se debería además proporcionar información sobre cómo se tratan y se aprovechan los materiales para reciclar, qué se puede hacer con ellos y cómo se consigue reprocesarlos. Esto se puede combinar con visitas a plantas de tratamiento de residuos en las que se pueda obtener información directa sobre cómo se realizan las operaciones.

Todo esto se podría combinar con enseñanzas de tipo más global acerca del desarrollo sostenible y de la utilización de los recursos naturales por parte de la humanidad. Creo que existe una extraordinaria falta de conciencia sobre los usos de la energía y de los recursos naturales por parte de la humanidad y esto debería constituir uno de los aspectos esenciales de la enseñanza.

Los derechos de los niños

Los niños son seres vulnerables desde el punto de vista social debido a su dependencia que les hace tener que apoyarse en los adultos para satisfacer sus necesidades. Por ello, pueden estar sometidos a abandono o negligencia por parte de las personas que les cuidan, o puede suceder simplemente que éstas no se ocupen de ellos de forma adecuada por ignorancia o incapacidad. Las declaraciones de derechos de los niños, y en especial la de las Naciones Unidas de 1989 (ONU, 1989) tratan precisamente de especificar los derechos que deben respetarse. Esos derechos derivan de las necesidades de los niños (LÓPEZ, 1995), y tienen características especificas en relación con los derechos humanos en general porque los niños no los pueden defender como los adultos (DELVAL, 1995). Pero para que existan garantías del respeto a sus derechos, es importante que los niños los conozcan y los entiendan.

Por eso es muy importante trabajar en la escuela las ideas acerca de la existencia de derechos universales e inalienables para todos. No es muy fácil que los niños comprendan estas ideas desde el principio. En una investigación que hemos realizado sobre cómo conciben los niños sus propios derechos (DELVAL, BARRIO y ESPINOSA, en preparación) hemos podido comprobar que las explicaciones de los niños acerca de los derechos van cambiando de una manera bastante regular y que siguen un proceso semejante respecto a los distintos derechos, aunque también existan algunas diferencias entre ellos. Hemos entrevistado niños y niñas entre 8 y 16 años de edad a partir de una serie de historias en las que se presenta la violación de un derecho.

Hemos podido situar a nuestros sujetos en tres niveles de explicación. *El primero*, en el que se encuentran los sujetos entre los 8 y 11 años, los niños no entienden las violaciones de los derechos y les parecen muy extrañas, por lo que a menudo consideran las historias como inverosímiles. Suelen confundir los derechos con las obligaciones y no son capaces de encontrar soluciones satisfactorias. Proponen que el niño hable con las personas que violan el derecho y que trate de convencerles o buscan soluciones absurdas, cuyas consecuencias no son capaces de establecer.

En el *segundo nivel*, en el que se sitúan los sujetos entre los 11 y los 13 años empieza a aparecer una intuición todavía confusa de la existencia de derechos y las historias les empiezan a parecer más verosímiles. Diferencian también el grado de violación según la intención de la persona que viola el derecho explícitamente.

En el *tercer nivel*, en el que se sitúan los sujetos a partir de los 14 años, la noción de derecho aparece más clara, los sujetos son conscientes de la existencia de derechos que de alguna manera están garantizados, se diferencia entre los derechos y las obligaciones y se establecen relaciones entre ellos, y se empiezan a proponer soluciones más adecuadas.

A través de las respuestas vamos observando los progresos en la comprensión del orden social, en donde se termina viendo que existen intereses contrapuestos y debe haber garantías para poder ejercer esos derechos. Los sujetos mayores son capaces de comprender la idea de derecho como algo que uno puede reclamar y que no consiste en una concesión gratuita o benévola por parte de los que tienen el poder, sino como algo que el sujeto merece. Se pasa de una concepción del orden social que es visto como racional, armónico y encaminado a satisfacer las necesidades de los individuos, sin que sea necesario establecer los derechos, a una concepción en la que se producen conflictos que tienen que ser resueltos mediante la negociación y también mediante la aplicación de las leyes.

Respecto a los derechos que se consideran más importantes, además de los derechos sociales, como la educación, atención médica o alimentación, se tiende a mencionar la necesidad de participación por parte de los niños y adolescentes en las actividades y decisiones que les afectan directamente. Los mayores reclaman con insistencia su derecho a participar y a ser escuchados por los adultos. Éste es un derecho que se empieza a considerar muy importante, pues facilita la integración del niño en la vida social (FRANKLIN, 1995). Esa demanda de participación podemos relacionarla con lo que hemos señalado anteriormente acerca de la necesidad de atribuir responsabilidades a los escolares.

La interculturalidad

Una de las ideas que están implícitas en el concepto del desarrollo sostenible es que las acciones que realizamos no sólo tienen consecuencias directas en nuestro entorno inmediato, sino que muchas veces sus efectos se extienden mucho más lejos y perduran durante mucho tiempo. Esto se relaciona también con la idea de que vivimos en un mundo en el que todo está interconectado, a lo que se suele aludir mediante el término globalización. No estamos circunscritos a nuestro pequeño entorno, sino que lo que sucede en cualquier parte del mundo puede llegar a afectarnos de forma muy directa. Cada vez resulta más difícil mantenerse aislado en nuestro entorno, y de lo que afecta a otras personas.

Sin duda los progresos técnicos han contribuido notablemente a que las cosas sean así. Los medios de transporte que se han desarrollado sobre todo en el siglo xx permiten viajar con rapidez a lugares muy distantes, lo cual ha aumentado extraordinariamente el turismo, facilitando el contacto entre individuos de distintos países y culturas. Pero también ha facilitado la emigración.

Junto a ello, es muy fácil comunicarse con personas que viven a grandes distancias, y tener información instantánea de lo que está sucediendo. Los medios de comunicación nos permiten conocer lo que acontece en cualquier lugar de la Tierra. Esto es lo que ha popularizado referirse a nuestro planeta como la "aldea global". Aunque con frecuencia se habla de la globalización en términos económicos, señalando las interdependencias que existen entre los sistemas productivos y de distribución de todo el mundo, el concepto se aplica también para referirse a que vivimos en un mundo en donde todo está mucho más interconectado que antes.

La ciencia y la tecnología se han desarrollado notablemente primero en Europa y luego en otros países como los Estados Unidos o Japón, y eso ha hecho posible un extraordinario desarrollo del capitalismo. Los sistemas de producción se han tornado mucho más eficaces, lo que ha permitido un crecimiento sin precedentes de la riqueza en los países más desarrollados.

Por otra parte se ha desarrollado también nuestro interés por el conocimiento de otras culturas, que no sólo se han convertido en objeto de estudio, sino también de atracción turística. El capitalismo como sistema de producción tiene un inmenso afán colonizador, y trata de extenderse lo más posible, intentando convertir a cada individuo en un posible consumidor. Las formas de vida y la cultura económica y de consumo tienden a llegar a todos los rincones del mundo, y a vender allí sus mercancías. En cualquier lugar al que vayamos, incluso en los rincones más alejados, podemos encontrar, junto a los productos de elaboración local, otros que pertenecen a ese mundo globalizado, un paradigma de los cuales puede ser la Coca-Cola. Pero también la tecnología, los coches, teléfonos, aparatos electrónicos, están casi todos fabricados en unos pocos países del primer mundo.

Este aumento de las interconexiones entre todos los seres humanos, que tiene sin duda efectos positivos, está dando lugar a la desaparición de otras culturas. La invasión de los productos de los países capitalistas avanzados en todos los lugares de la tierra tiende a destruir las culturas autóctonas y, como consecuencia de ello, las lenguas, lo que sin duda constituye una pérdida irreparable.

Europa primero y la cultura occidental después, han mostrado un extraordinario interés y vitalidad para colonizar a los demás países del mundo, llevar allí esa cultura y también convertirlos en feudatarios. A partir del la Edad Moderna se produjo la ocupación de grandes territorios, y durante el siglo xix se completó la expansión colonial por medio de las guerras, y también por el comercio, convirtiendo la mayor parte de los territorios de la tierra en dependientes de los países occidentales.

Pero al mismo tiempo que los países occidentales trataban de someter, sojuzgar y hacer dependientes a otras regiones del mundo aprovechándose de sus riquezas o de su mano de obra, también se han desarrollado en occidente las ideas de libertad, justicia, derechos humanos o democracia. Aunque esas ideas y esos ideales nacieron para aplicarse y para beneficiar fundamentalmente a una parte de la población de los países occidentales, se ha ido produciendo un movimiento cada vez más poderoso para extenderlos a todos los países y para considerar que todos los seres humanos tienen derecho a aspirar a la libertad o a la justicia.

Aunque las desigualdades entre los seres humanos continúen siendo enormes, y en algunos aspectos tiendan a aumentar, sin embargo, al menos en teoría, se considera que todos son sujetos de esos derechos universales que han sido recogidos en diferentes declaraciones y pactos, y muchos individuos y organizaciones luchan por combatir las indignas condiciones en que vive todavía la mayor parte de la humanidad.

Al mismo tiempo se ha tomado también conciencia clara de que la diversidad de culturas constituye una gran riqueza para la humanidad y que no se debería dejar que desapareciera. Pero la mayor parte de las culturas son mucho más frágiles que la cultura occidental y tienden a desaparecer ante el empuje de ésta y la agresiva expansión del capitalismo. El problema es cómo conservar esas culturas que tienen no sólo tradiciones y creencias sino también formas de producción y de organización social que han persistido durante mucho tiempo.

El dilema que se plantea es que, si se conservan muchas de esas formas de funcionamiento y esas creencias, es difícil mejorar el bienestar económico, erradicar la pobreza, mejorar la sanidad y crear sociedades más justas. Por ejemplo, las formas de producción de alimentos de occidente son mucho más eficaces que las de un gran número de poblaciones indígenas, que ni siquiera permiten ya la subsistencia cuando se produce una presión demográfica grande. Si los indígenas de muchas regiones del mundo continúan practicando sus métodos de cultivo o de crianza del ganado como lo han hecho durante siglos es difícil que puedan mejorar su situación económica y que no se vean sometidos a hambrunas, o que puedan defenderse adecuadamente de las enfermedades. Pero si los métodos de producción, y la tecnología occidental llegan a sus sociedades, su cultura tenderá a desaparecer.

Por otra parte, sin ignorar que en los propios países más desarrollados existen grandes desigualdades sociales e injusticias, esos ideales de libertad, justicia y derechos universales constituyen un avance para toda la humanidad, y desde este punto de vista deberían ser extendidos a todos. Lo difícil es encontrar entonces la forma de preservar las diferentes culturas e impedir que se extingan, y al mismo tiempo mejorar las condiciones materiales y sociales de vida de las poblaciones no occidentales.

El aumento del contacto entre las diferentes culturas ha llevado a mucha gente a adoptar una especie de relativismo cultural y moral en el que se defiende que cada sociedad tiene su cultura y que todas son igualmente respetables, que muchas prácticas que se realizan habitualmente en esas sociedades tienen su justificación y que, por tanto, deben ser respetadas entre ellos. Pero esto no es así, y nosotros hemos conseguido deshacernos (o procuramos hacerlo) de conductas que hemos practicado durante muchos siglos, como la tortura, la pena de muerte, los castigos crueles. Por ello no parece que tenga sentido defender la ablación del clítoris, la lapidación de las adúlteras, cortar la mano a los ladrones o la pena de muerte, aunque se hayan practicado durante siglos.

Un buen número de culturas tienen mucho que enseñarnos acerca de sus prácticas tradicionales, de su medicina, de su organización social, de su solidaridad, de sus fiestas, etc., y debemos aprender de ellas. Pero es necesario darse cuenta de que la mejora de las condiciones de vida, de las formas de producción, de la sanidad, exige prescindir de prácticas tradicionales y adoptar las formas occidentales de abordar esos problemas.

La globalización constituye un movimiento imparable al que no podemos resistirnos, y de lo que se trata es de que se realice de la mejor forma posible y que no esté únicamente al servicio de los intereses de las grandes compañías multinacionales. El difícil problema que hay que resolver es entonces cómo se puede conservar la identidad y el patrimonio de las diferentes culturas sin que se vean arrasados por la cultura occidental que actúe como un gigantesco "tsunami". Cuando las culturas tradicionales entran en contacto con la cultura occidental lo más probable es que ésta termine acabando con aquellas, y desgraciadamente en muchos aspectos así tendrá que ser, si queremos mejorar las formas de satisfacción de las necesidades en esas poblaciones. De lo que se trata es de evitar que la cultura occidental, y las formas de consumo que le son propias, acaben borrando todos los vestigios de esas culturas y sustituirlos por un remedo de las formas de vida occidentales.

En las sociedades occidentales, y muchos países europeos en particular, se ha producido la llegada de inmigrantes de muchos países que tratan de organizarse también para conservar aspectos de su propia cultura e identidad. Se defiende entonces también que la escuela tiene que ser intercultural [3] y respetar los valores y las tradiciones de esos inmigrantes. Sin embargo, esto plantea muchos problemas y da lugar a conflictos sociales, como por ejemplo la interferencia de creencias religiosas en escuelas que son aconfesionales.

---

[3] Se suelen utilizar los términos "multiculturalidad", e "interculturalidad" para referirse a esta serie de fenómenos relativamente nuevos que se producen en sociedades que empiezan a no ser homogéneas en cuanto a la autocaracterización de individuos que tienen identificaciones diferentes, ya sean de nacionalidad, de religión, de lenguaje, o de etnia. Sin embargo es frecuente diferenciar multiculturalidad e interculturalidad, reservando el primer término para aludir a una sociedad en la que existen grupos culturales diferentes, y el segundo para referirse a políticas de integración y convivencia de esas diferentes culturas. Pero no vamos a entrar aquí a discutir estos conceptos sobre los que existe una amplia bibliografía. Puede consultarse un tratamiento de estos asuntos en el libro compilado por Tomás FERNANDEZ GARCIA y José G. MOLINA (2005).

La escuela debe ser el lugar en el que se transmitan los valores humanos universales y se practique la racionalidad y el pensamiento científico, que también son universales. Las creencias particulares, como por ejemplo las religiosas, no deben tener cabida en la escuela. Si esas creencias no van en contra de los valores universales deben ser permitidas, respetadas, y pueden aprenderse y practicarse fuera de la escuela. Pero prácticas como el castigo físico, la tortura, la lapidación, o los sacrificios sangrientos deberían prohibirse y ser perseguidas. Por tanto, consideramos que la transmisión de los valores y creencias particulares propios de una cultura diferente no deberían encontrar un espacio en las actividades escolares.

Lo que sí se debería trabajar en la escuela es todo lo relacionado con la comprensión de las culturas, para que los alumnos llegaran a darse cuenta de que cada sociedad, con su cultura propia, lo que ha tratado es de satisfacer las necesidades humanas en un entorno determinado y con los conocimientos de los que disponían en ese momento. Probablemente todas las prácticas culturales, ritos religiosos y formas de organización, han tenido un sentido y han contribuido a la supervivencia de esa sociedad. Prácticas recogidas en códigos religiosos, como por ejemplo no comer la carne de determinados animales, o tener que matarlos realizando ciertos ritos, probablemente tenían un sentido higiénico o de cohesión social en un determinado momento, pero eso no quiere decir que lo tengan hoy. Los alumnos deberían aprender que, cuando no existían conocimientos médicos, las prácticas mágicas podían tener un sentido, y que hay mucho conocimiento acumulado en la medicina tradicional. Podemos también entender y explicar las razones por las cuales se realizaban sacrificios humanos en determinadas culturas. Pero eso no quiere decir que deban aceptarse o valorarse positivamente desde nuestra posición actual.

Sería importante, por tanto, que los alumnos en la escuela aprendieran a entender las culturas como respuesta a la satisfacción de las necesidades, valorar sus logros, y comprender sus limitaciones. Pero hay que evitar juzgarlas únicamente desde nuestra posición actual. No tendría sentido acusar a PLATÓN o a ARISTÓTELES de defender posiciones machistas, o valorar negativamente la democracia ateniense porque estaba asentada sobre el trabajo de los esclavos. Hay que aprender a situar cada cultura en su contexto histórico y valorarla dentro de él. Esto debería ser una parte importante del trabajo escolar, huyendo tanto de posiciones relativistas como de un absolutismo en el que todo se contempla desde nuestra concepción del mundo actual.

La organización de la escuela

La escuela no puede estar centrada sobre ella misma. Los alumnos reciben hoy una enorme cantidad de información por otros medios, sobre todo por los medios de comunicación y en especial a través de la televisión. Esos medios, sin embargo, no les enseñan a analizar la realidad, más bien dan informaciones concretas y crean valores y actitudes. La escuela parece, pues, insustituible hoy por hoy para producir y desarrollar la capacidad de creación, para enseñar a analizar la realidad críticamente y a pensar por sí mismo, cosa que no se adquiere, desde luego, viendo la televisión. Uno puede empezar a sospechar que los poderes sociales se sienten contentos con esa situación, y la influencia de la televisión no se contrarresta en centros que deberían enseñar a pensar y a analizar por uno mismo los mensajes. Los nuevos medios de comunicación y su análisis deberían ser uno de los temas que se trataran en la escuela. Sobre esto ya existen numerosas experiencias (ver, por ejemplo, TYNER y KOLKIN, 1991).

La nueva escuela tiene que estar mucho más abierta hacia el exterior, hacia los conocimientos vivos, hacia los problemas que preocupan a la gente y hacia la cultura de la calle. Las aulas tienen que ser lugares espaciosos y bien iluminados en donde puedan realizarse tareas muy variadas. Un espacio para el trabajo común que sea un *laboratorio* desde el cual estudiar el mundo y una base para salir hacia él. El aula debe ser un laboratorio y un taller donde puedan llevarse a cabo todo tipo de actividades. Para esto evidentemente hay que huir de esas aulas con pupitres clavados en el suelo mirando en dirección hacia el profesor que impiden que los alumnos se organicen por sí mismos y también que trabajen en grupos. Al aula tienen que llegar los distintos vehículos de comunicación y de transmisión de la información, desde los libros —tiene que haber una biblioteca de aula— hasta los periódicos, la radio, la televisión o el cine.

Naturalmente dentro de esa aula la función del profesor tiene que ser muy distinta de la tradicional. Sabemos de sobra que, en sentido estricto, resulta imposible enseñar como un acto de transmisión de conocimientos porque es el alumno el que tiene que reconstruir los conocimientos que se le transmiten, es decir, que el profesor lo único que puede hacer es *poner las condiciones para que el alumno aprenda*. El maestro tiene que ser entonces uno más dentro de la clase, aunque naturalmente no igual que los otros porque tiene una mayor experiencia y más información que los chicos, lo que en muchos casos, aunque no siempre, constituye una ventaja para saber a dónde se va. Son los alumnos los que tienen que investigar, explorar, plantearse problemas e intentar resolverlos pues ésa es la única manera fructífera de aprender. Pero para realizar esto, la función del profesor es esencial, incluso mucho más que en la escuela tradicional. En ésta el profesor se limitaba a transmitir unos conocimientos que estaban en los libros, que estaban en todos sitios y que se podían obtener por otros procedimientos. Por eso las máquinas de enseñar pueden sustituir con ventaja al maestro tradicional. Pero, en cambio, no pueden sustituir al profesor en una escuela más abierta y más creadora porque en ella el docente está adaptándose a la situación y a las demandas de los alumnos, él es quien plantea problemas, hace ver los puntos débiles en las propuestas que hacen los chicos, les ayuda a tomar conciencia de lo que están haciendo, les proporciona la información que necesitan o les indica dónde pueden encontrarla. Es una función mucho más rica, mucho más flexible y mucho más creadora que la del profesor en la escuela tradicional.

Si queremos que la educación contribuya al progreso social y no siga mirando hacia el pasado como ahora sucede, tenemos que procurar que se adapte a las necesidades de la sociedad actual y prepare a los hombres para vivir en un mundo que cambia con velocidad creciente.

Algunas cosas que pueden hacerse en la escuela

Resulta difícil señalar en poco espacio cómo podría desarrollarse el trabajo en una escuela de estas características, una escuela en la que las aulas sean centros de trabajo desde los que los alumnos exploren el mundo, a sí mismos y sus propias relaciones. Presentando las cosas muy sumariamente, en esa aula, que es un local amplio en el que conviven chicos que no tienen que ser necesariamente de la misma edad, los alumnos trabajan en distintas actividades.

El aula puede estar organizada en zonas o rincones. En una parte se puede trabajar en ciencias naturales, con minerales, animales pequeños o plantas, en otra hay una pequeña biblioteca para consulta y lectura, en otra se puede trabajar en física y química, en otra hay un banco de carpintero y algunas herramientas con las que los chicos pueden preparar o modificar su material de trabajo. Si necesitan realizar tareas más complicadas o ruidosas acuden a un taller de toda la escuela. En otra parte hay dos o tres ordenadores y una impresora. Los alumnos son esencialmente activos y toman iniciativas continuamente, desarrollan en pequeños grupos, y excepcionalmente de modo individual, sus propios proyectos. El profesor asesora a los alumnos, les ayuda a definir un proyecto, les orienta hacia el interés, la dificultad o las fuentes de información para realizar una determinada actividad. Es un consejero y un catalizador de la actividad de los chicos, que al mismo tiempo trabaja en sus propios proyectos, con un grupo de alumnos (que no siempre es el mismo) y que impulsa el que los chicos trabajen de forma independiente. A veces el profesor cambia, y viene el de ciencias o el de letras, pero muchos alumnos siguen haciendo su trabajo anterior. Lo que sucede es que algunos grupos aprovechan para resolver sus dudas con este docente que es más afín al proyecto que están desarrollando.

Un grupo de chicos estudia el paso de la corriente eléctrica y sus efectos sobre diversas sustancias, otros exploran las diferencias de revoluciones de motores con distinto número de espiras, otros tratan de fabricar jabón, mientras que otro grupo sigue desde hace tiempo un proyecto estudiando diversos factores que influyen en el crecimiento de las plantas. Un grupito redacta un periódico de la clase, o contribuye al de la escuela, y recaba información sobre la actividad de los otros grupos para recogerla en él. El texto lo escriben en el ordenador con un tratamiento de textos y lo ilustran con dibujos que hacen con un programa para dibujar, o que escanean en la sala de informática. El grupo de ciencias naturales va registrando los datos del crecimiento de las plantas con un sencillo paquete integrado que tiene una base de datos. Otro grupo, a partir de una noticia aparecida en un periódico que habitual-

mente se utiliza en la clase, busca datos sobre un país en el que se han producido acontecimientos políticos en los últimos tiempos. Algunos chicos han
tenido que ir a la biblioteca de la escuela para buscar más datos, y otro tiene
previsto ir a la biblioteca pública para tener más información, mientras que
otros han intentado buscar en Internet, donde tienen que aprender sobre todo
a seleccionar la información. Con todo ello, escribirán algo para el periódico o
revista de la clase en el que se analizan noticias y se presentan resúmenes de proyectos, y con el paquete integrado están haciendo una base de
datos sobre sistemas políticos de distintos países. Otro grupo utiliza el ordenador, sirviéndose de una hoja electrónica para estudiar propiedades de los
números.

En alguna clase hay algún alumno que presenta alguna deficiencia, lo que
se llama "necesidades especiales", pero ha sido integrado en un aula normal.
Por ello en ese aula hay menos alumnos, y el profesor le tiene que prestar
una atención especial, pero también le ayudan los otros alumnos. El ordenador es también un buen instrumento para facilitarle el trabajo. A veces se ejer-
cita con él, incluso fuera de las horas del estricto horario escolar. Para otros
chicos se han realizado algunas adaptaciones en el ordenador, para facilitar
su uso.

Cada cierto tiempo tienen reuniones periódicas para discutir lo que están
haciendo, los resultados de lo que han encontrado, o para planificar y distri-
buirse en actividades futuras. Para el funcionamiento de esas asambleas y
para organizar el trabajo de la clase han establecido un reglamento y eso les
ha ayudado a comprender nociones políticas y problemas sociales. De vez en
cuando la clase trabaja en un juego de simulación muchas veces apoyado
en el ordenador.

Pero no siempre están en clase, de vez en cuando hacen salidas fuera,
para visitar un museo, una fábrica o simplemente para recoger datos sobre
las actividades productivas o la vida en la localidad, o salen al campo y reco-
gen hierbas o piedras que llevan a clase para tratar de descubrir qué son y
clasificarlas. El ordenador y unos ficheros les ayudan a guardar la información
y a poder volver a utilizarla.

Éstas son sólo algunas de las actividades que hacen. Algunos proponen
continuamente hacer nuevas cosas, otros siguen más lo que dicen otros.
Esas iniciativas y conductas sociales también se analizan de vez en cuando.
Muchas veces el profesor tiene que desanimar a un grupo entusiasta que
intenta embarcarse en un proyecto demasiado ambicioso que no parece posible realizar; o tiene que ayudar a un grupo a salir de un atolladero; en muchos
casos tiene que reconocer su ignorancia sobre un problema y ponerse a buscar información como cualquier otro chico. Para estos/as ver que el profesor
no lo sabe todo y que aprende como ellos es algo muy estimulante y que les
da una visión más real de las cosas.

El profesor tiene en cierto sentido más trabajo y en otro menos; en todo
caso un trabajo más variado. Se puede dedicar a hacer cosas que le gustan, su tarea no es sólo repetir algo que aprendió hace años, sino que
aprende también muchas cosas nuevas. Los chicos, por su parte, se acos-

tumbran a trabajar solos y terminan pidiendo ayuda solamente cuando la necesitan, y no siempre se la piden al profesor. Por ejemplo, para usar la base de datos hay un par de chicos que saben mucho más que el profesor y que son más efectivos a la hora de resolver un problema. Hay algunos chicos más dependientes que tienen tendencia a recurrir más al profesor, pero como éste también se encuentra ocupado, terminan recurriendo a sus compañeros.

Evidentemente no todo es tan idílico, y a veces surgen los problemas, conflictos, pero los chicos se acostumbran a resolver muchos de ellos en las asambleas de la clase, y esas discusiones, y el tener que ponerse de acuerdo, les resulta muy beneficioso desde el punto de vista social.

Después del horario escolar, los chicos disponen de algún tiempo en el que pueden seguir trabajando en el aula, o ir a otros talleres. Algunos lo aprovechan para avanzar en algún proyecto, otros, incluso por consejo del profesor, refuerzan algo que no tienen muy bien, a veces con ayuda del ordenador, que les permite evaluar su conocimiento y realizar ejercicios con algunos programas que hay en la clase, o que se pueden sacar de la biblioteca de programas de la escuela.

La actividad en el centro procura estar bastante orientada hacia el exterior, el colegio no es un recinto cerrado. No sólo los alumnos salen de vez en cuando sino que tratan de traer al colegio cosas de fuera. Traen aparatos viejos para desarmar en la clase, y productos de desecho que emplean para los trabajos de ciencias o para actividades manuales o artísticas. A veces invitan a alguien a que les hable de su profesión, de los trucos de su oficio, de su experiencia sobre cómo vive la gente de otro país. En esas sesiones se han acostumbrado a preguntar mucho.

Por lo demás, el colegio es por la tarde un centro de formación de adultos, donde hay cursos de diversas cosas, y los alumnos se benefician también de esa actividad. Los chicos mayores asisten alguna vez a conferencias que se dan allí.

Todo esto puede parecer muy alejado de la realidad, e incluso inalcanzable. Pero, de hecho, muchas de estas cosas se hacen ya en algunos centros, o en algunas aulas al menos. Las condiciones materiales que se requieren no son tan excepcionales, y en bastantes colegios existen y no se aprovechan. Las cosas que se necesitan para ese tipo de trabajo no son demasiado costosas y se pueden obtener del entorno de la escuela. Muchos padres ayudarían si se les propusiera. Una dificultad quizá mayor provenga de los profesores. Por una parte tienen que vencer el miedo a un trabajo de este tipo, pero por otra es cierto que necesitan materiales que les ayuden a trabajar de esta forma, que sirvan de modelos, y aquí es donde se echa en falta el esfuerzo de la administración promoviendo experiencias y elaborando instrumentos de todo tipo: escritos, audiovisuales, informáticos, materiales, etc.

CAPÍTULO V

Las relaciones de la escuela con su comunidad

Las reflexiones que hemos venido haciendo hasta ahora llevan implícita la idea de que la escuela es una institución muy cerrada sobre sí misma, con relativamente pocas relaciones con el exterior. Esto no debe extrañarnos si miramos hacia el pasado y consideramos que una de las razones por las que se trata de escolarizar a los niños es para que tengan un lugar donde permanecer mientras sus padres trabajan (DELVAL, 1990). Pero la escuela no sólo está aislada físicamente de su entorno, y separada por una valla que la rodea, sino que también lo está conceptualmente, pues los conocimientos que se transmiten allí son específicamente escolares. Desde hace tiempo se ha llamado la atención sobre ese carácter específico que tienen los conocimientos escolares y que más recientemente algunos pedagogos franceses han llamado la atención sobre esa adaptación de los conocimientos que existen en la ciencia y la cultura en general al ámbito escolar[1].

Sin embargo, también se han escuchado numerosas voces que han defendido la idea de que la escuela se tiene que abrir a la vida, en una tradición que podemos remontar por lo menos hasta ROUSSEAU, y que de alguna manera está presente en todo el movimiento de renovación de la educación que se produce desde principios del siglo xx.

Pero la apertura de la escuela al mundo tiene que ir más allá de las ideas que se transmiten, y tiene que afectar a todas las relaciones sociales. En efecto, una de las cosas que más profundamente tienen que cambiar en el futuro de la escuela es su relación con el entorno social. La escuela ha venido siendo un centro replegado sobre sí mismo en el que se mantiene a los niños durante unas cuantas horas al día para evitar que salgan fuera, realizando además unas actividades que se refieren a la propia escuela. Es como

---

[1] Estos autores hablan de la "transposición didáctica" para referirse a esa adaptación del conocimiento en general a la escuela. Véase CHEVALLARD (1991).

una especie de clausura temporal, y también como una fábrica en la que se prepara para la vida futura adquiriendo ciertos hábitos. La escuela es un mundo en sí mismo que tiene su propia lógica. Naturalmente esto no constituye una buena preparación para la vida.

En la escuela se proporciona un saber intemporal, que los alumnos tienen la impresión de que siempre ha existido, pero cuya utilización es muy limitada. La escuela está cerrada sobre sí misma, y en ella se estudia, antes que nada, para poder pasar los exámenes, para poder seguir dentro del sistema escolar, pero no para conocer el mundo. El mundo se puede conocer a través de películas, a través de la televisión, viajando, en la calle, en la casa, pero la escuela es una cosa completamente distinta. Los niños pueden aprender los nombres de todos los cabos de España sin saber lo que es un cabo, y pueden quedarse muy sorprendidos cuando les llevamos a visitar un cabo y comparan esa experiencia con el conocimiento escolar. Naturalmente esto está ligado a la concepción de la escuela como lugar de pura transmisión y almacenamiento, y del alumno como organismo pasivo que se limita a reproducir el conocimiento.

Por el contrario, si concebimos una escuela como lugar que socializa a niños y jóvenes, que les prepara para vivir como adultos autónomos en una sociedad democrática, que facilita la construcción del conocimiento y que inicia en los procesos de pensamiento, tenemos que abrir la escuela hacia el exterior. Las relaciones entre escuela y sociedad tienen que ser estrechísimas y la escuela no puede permanecer ajena a ninguno de los problemas que se plantean dentro de la sociedad. Como ya hemos dicho, la escuela sólo podrá variar cuando cambie el papel del alumno en ella. Ese cambio contribuirá a su vez a cambiar la escuela y la sociedad, pues de las escuelas saldrán otro tipo de alumnos, alumnos que entiendan el mundo y que sean capaces de pensar sobre él de forma autónoma, con ideas propias.

Esta vinculación de la escuela con el medio social y apertura hacia el exterior tiene que realizarse en varias direcciones y aspectos. Por una parte, las escuelas y centros educativos deberían convertirse en *centros de cultura* para la comunidad circundante, y deberían estar abiertos a todos. En segundo lugar la actividad escolar debería *recibir aportaciones culturales* y de todo tipo de los miembros de la comunidad, incluyendo a los padres de los alumnos, pero sin restringirse a ellos. En tercer lugar la escuela debería ser un laboratorio en el que se aprenden a *analizar los problemas sociales* y culturales de la comunidad, y de la sociedad en su conjunto. En este sentido, y en cuarto lugar, la escuela podría *aportar soluciones* a los problemas que se plantean en la sociedad que la rodea.

Vamos a pasar a exponer en líneas generales cómo debería estar organizada la escuela para satisfacer estos objetivos. Muchas de las cosas que vamos a proponer precisan cambios profundos, que llevarán tiempo, pero creo que de una manera muy tímida las cosas se mueven en esta dirección, que existen ya valiosas experiencias realizadas en este sentido, y que deberíamos impulsar esas transformaciones y sobre todo extenderlas a todas las escuelas.

La escuela como centro de cultura abierto a todos

Las escuelas son instituciones que se encuentran enclavadas en un medio social con el que generalmente mantienen pocas relaciones. Los que no son alumnos no tienen costumbre de visitar los centros escolares, pues allí no se les ofrece nada que pueda interesarles. Los alumnos asisten a ellos durante unas cuantas horas al día y el resto del tiempo permanecen cerrados. Sin embargo, parece a todas luces absurdo y dispendioso disponer de unos edificios amplios, frecuentemente con múltiples instalaciones, que sólo son utilizadas por unos pocos durante un tiempo limitado[2]. Muchas localidades pequeñas, y también muchos barrios de las grandes ciudades, apenas disponen de centros culturales para ofrecer a la población.

Para mejorar esta situación, las escuelas deberían poner sus recursos al servicio de toda la comunidad. Muchas escuelas disponen de amplias instalaciones deportivas, de una biblioteca, de ordenadores, de talleres de cerámica o de manualidades, de laboratorios, de aparatos de vídeo y cámaras para filmar, y generalmente todo eso sólo se utiliza por parte de los alumnos durante el horario escolar o en un corto período de actividades extraescolares.

Lo primero que se precisaría es que esos recursos se utilizaran de una manera mucho más amplia por parte de los propios escolares, para lo que sería necesario que los centros educativos estuvieran abiertos en un horario mucho más extenso, sobre todo para los adolescentes, durante casi todo el día e incluso durante parte de la noche. Actualmente muchas escuelas primarias apenas ofrecen actividades extraescolares para los niños y niñas, lo que se debe sobre todo a que no se dispone del personal necesario para ello, pues naturalmente no son actividades que competan a los profesores de las materias curriculares.

Esto resulta mucho más evidente respecto a los adolescentes, a los estudiantes de secundaria, bachillerato o formación profesional. Probablemente muchas de las conductas antisociales que realizan los jóvenes se deben a que disponen de mucho tiempo libre y pocas actividades de ocio estructuradas, e incluso de pocos lugares en los que practicar actividades sociales y reunirse con los amigos, que son, en esa edad, el núcleo de su vida social. Las dependencias escolares podrían estar abiertas para la realización de múltiples actividades, y eso constituiría un apoyo grande para la integración de estos jóvenes. Sería especialmente importante que existieran esas posibilidades sobre todo para los jóvenes de los ambientes sociales más desfavorecidos, que son los que disponen de menos medios para llenar su tiempo de ocio y pueden caer fácilmente en esas conductas antisociales, ya que el medio no les ofrece nada interesante que hacer, ni el apoyo que necesitan.

---

[2] En algunos países en vías de desarrollo, se hace un uso mucho más intensivo de las escuelas, aunque limitado a las actividades escolares, ya que es frecuente que existan dos turnos escolares, uno de mañana y otro de tarde, o incluso tres, y que por ello la escuela se esté utilizando más horas al día. Sin embargo suele estar limitado a los usos escolares en sentido clásico. En los países desarrollados, por lo general, sólo existe un turno escolar.

En los centros escolares podrían disponer de todos esos recursos de los que acabamos de hablar, podrían utilizar la biblioteca para ir a leer o sacar libros de ella, podrían participar en diferentes talleres de carpintería, mecánica, electrónica, cerámica, pintura, vídeo, música, fotografía, y todo lo que se nos pueda ocurrir en función de los medios de los que dispone la escuela y de los que se puedan instalar en sus locales. Pero, además de ello, debe ser un centro en el que puedan reunirse y disponer de algún espacio para realizar intercambios sociales.

Naturalmente no todos los centros podrán ofrecer todas esas posibilidades, sino que dependerá de sus recursos, pero esos recursos deben incrementarse. Lo que resultaría preciso es contar con los profesores y monitores necesarios, para que todo ello se pueda organizar en grupos reducidos y se lleven a cabo actividades estructuradas. Esto exigirá sin duda muchos más recursos de los que se dedican actualmente a mantener en funcionamiento los centros escolares, pero creo que los beneficios compensarán con creces los gastos que se realicen, si se consigue integrar mejor a los jóvenes potencialmente conflictivos.

En la mayor parte de los países, se ha producido un aumento de la delincuencia juvenil, que sin duda tiene que ver con los cambios en la situación de los jóvenes. No sólo esas actividades antisociales producen daños materiales y psicológicos en la población, sino que también conllevan el crecimiento de los medios represivos, que incluyen la vigilancia policial, la creación de tribunales de menores, y jueces dedicados a ellos, así como de centros de internamiento para los menores delincuentes. Todo eso resulta mucho más costoso que abrir la posibilidad de realizar actividades que van a tener una función preventiva. Pero no sólo se van a evitar gastos sino también mucho sufrimiento social para los propios jóvenes, sus familias, y la población en general. Se evitarán conductas destructivas, el abuso de drogas y alcohol, con los consiguientes gastos sanitarios que eso produce, y sobre todo los jóvenes serán más felices y tendrán más posibilidades de divertirse y de llenar su tiempo libre con actividades formativas.

Las bandas juveniles

Por ejemplo se habla mucho en los medios de comunicación de las bandas juveniles violentas de todo tipo, desde los grupos de ideología neonazi, los *skins*, a las bandas de origen latinoamericano como los Latín Kings, los Maras, los Ñetas, y otras por el estilo.

Suelen estar integradas por jóvenes que viven en un medio poco estructurado y que no tienen por dónde canalizar su actividad, de tal manera que perteneciendo a una banda encuentran un apoyo en otros jóvenes. Una banda juvenil es una confraternidad en la que se refuerzan y defienden de un ambiente exterior que consideran hostil. Son jóvenes mal integrados, con poco futuro, que se sienten menospreciados. Ejerciendo la violencia, y con un arma en la mano, se sienten alguien.

Frecuentemente no pertenecen a una única nacionalidad, sino que puede haber de varias, e incluso se integran en estas bandas algunos españoles, pero también marroquíes. Esas bandas no tienen por qué ser violentas sino que muchas veces constituyen una forma de organización para otras actividades. Pero el hecho de sentirse marginados y dentro de una ambiente hostil les puede llevar con cierta facilidad a caer en la violencia. En realidad la violencia es una respuesta a la frustración. Pero podemos imaginar que esos individuos, que han estado separados de su madre o de una parte de su familia, que finalmente han llegado a España y que son integrados en un sistema educativo que no tiene en cuenta sus carencias, se sientan realmente muy desprotegidos, cuando además sus familias apenas les puede prestar atención[3].

Creo que la mejor respuesta a este tipo de bandas es la prevención y ayudar a que esos muchachos no se encuentren en esa situación de marginación. Lo que habría que procurar por todos los medios es situar a esos jóvenes en un ambiente en el que se sientan menos excluidos y procurar su integración en actividades sociales de interés. En esto la escuela puede desempeñar un papel importante, pero necesita medios especiales. Sería necesario realizar los cálculos económicos precisos, pero es seguro que ofrecer en los centros escolares actividades que tengan un carácter integrador compensará no sólo por la mejora de la convivencia social, y por una preparación mejor para la vida adulta, sino también desde el punto de vista económico[4].

Es cierto que se han realizado ciertos progresos en este sentido, y que algunos ayuntamientos han empezado a abrir los centros que dependen de ellos, por ejemplo las instalaciones deportivas, durante un horario más extenso pero son iniciativas todavía limitadas y que podrían extenderse mucho más. Sin duda creo que son iniciativas que van por el camino adecuado.

Centros para la comunidad

Pero, además de esto, las instalaciones escolares deberían estar abiertas no sólo a la población joven, sino a todos los ciudadanos. Eso sería beneficioso por lo menos en dos sentidos. No sólo aumentarían las oportunidades

---

[3] De todas formas es frecuente que los medios de comunicación magnifiquen el alcance del problema, pues en Madrid se calcula que hay actualmente unos 700 miembros de estas bandas, lo cual es un número insignificante teniendo en cuenta la cantidad de inmigrantes de esos países.

[4] Creo que en muchos países se reducirían los problemas sociales si se realizaran actividades preventivas que tiendan a evitar la delincuencia. Ésta es casi siempre el producto de una mala integración social, pero las medidas que se proponen, en las que coinciden la mayor parte de los gobernantes y buena parte de la población, se dirigen siempre a las consecuencias y no a las causas. Cuando aumenta la delincuencia la gente suele reclamar más policía, castigos más duros para los delincuentes, lo que sólo lleva a aumentar la población reclusa cuyo mantenimiento, hablando estrictamente en términos económicos, resulta extremadamente costoso. Por el contrario creemos que hay que dirigirse hacia las causas, que están en la falta de integración social, en la pobreza, en la ignorancia y la falta de perspectivas vitales de muchos de los que delinquen. Naturalmente no creo que eso permita que la delincuencia desaparezca por completo, pero podría reducirse de una manera drástica, y con ello el número de reclusos y la alarma social que producen sus acciones. Pueden encontrarse interesantes datos y observaciones en esta línea en el libro compilado por OSOFSKY (1997).

culturales de una gran parte de la población, —sobre todo de los que tienen menos—, sino que permitiría vincular a los adultos con los centros educativos; lo cual resultaría beneficioso porque los sentirían como más próximos y contribuiría a su funcionamiento, como en seguida señalaremos. Se podrían realizar actividades de formación de adultos, de extensión cultural, talleres de creación literaria, o artística, o cursos de idiomas. Pero también podrían tener lugar en ellos actividades que faciliten o permitan la integración de los inmigrantes, a través de cursos para mejorar el conocimiento del idioma de la comunidad, o familiarizarles con las características de la cultura en la que están viviendo. Se debería propiciar igualmente que los inmigrantes hablaran de su cultura y de sus países de origen.

Los centros escolares deberían ofrecer también lo que se denomina "escuelas para padres", es decir sesiones de formación e información para los padres, sobre todo en relación con el carácter y las necesidades de sus hijos. Este tipo de formación, que en otras épocas hubiera parecido que resultaba superflua, es hoy mucho más importante, dado que se han producido grandes cambios en la conducta de los niños y jóvenes, y los padres se encuentran a veces muy desconcertados respecto a la forma de relacionarse con ellos. Además, comprender el desarrollo infantil facilita también poder seguir su aprendizaje y su situación en la escuela.

Es claro que lo que estamos presentando es un abanico de posibilidades, y que no todas ellas podrán realizarse en todos los centros, pero parece evidente que en la actualidad se están desperdiciando una gran cantidad de recursos que podrían usarse. Esta utilización más extensa de los centros escolares no excluye la creación de otras instituciones, como centros culturales independientes de las escuelas, o potenciar las actividades de extensión universitaria, que completarían en esta labor de integración social.

Todo esto requiere una organización de los centros escolares que amplíe sus actuales actividades de formación en los estudios reglados. Creo que en los barrios y en las pequeñas localidades deberían crearse *asociaciones de apoyo* a los centros escolares en donde puedan integrarse voluntarios que estén dispuestos a dedicar parte de su tiempo a actividades de tipo social. Hay mucha gente que está dispuesta a ayudar y a realizar actividades voluntarias, pero que no encuentran los cauces adecuados para hacerlo. Creo que en el voluntariado se puede encontrar un apoyo extremadamente valioso para realizar muchas de estas actividades, lo cual no quiere decir que no sea preciso contar con profesionales adecuados que organicen todo este funcionamiento. Nuevamente, la ventaja que tiene la creación de esas asociaciones de apoyo a un centro escolar, en la que participarían fundamentalmente los vecinos que tengan deseos de ser útiles a su comunidad, es que sientan la escuela como algo propio, en donde pueden participar, y que no es algo que está puramente en manos de la Administración.

En los centros escolares además podrían realizarse ciclos de conferencias, exposiciones de fotografía, pintura, artesanía, e incluso mercadillos periódicos en donde se muestre y venda la producción de los miembros de la comunidad, incluyendo a los propios jóvenes.

Como veremos a continuación, la sociedad que circunda los centros escolares tiene un potencial educativo que debería aprovecharse.

El aporte educativo del exterior

Una de las ideas sobre la que venimos insistiendo a lo largo de todo este libro es que los contenidos que se adquieren en la escuela no deben estar limitados a los problemas de las distintas ciencias tal como se abordan ellas, sino que es necesario partir de problemas de interés social que preocupan a todos.

Para realizar esa formación, conviene contar no sólo con la capacidad y la competencia de los profesores, sino que hay que utilizar todas las posibilidades que ofrece el entorno social.

Lo primero en lo que conviene insistir es que los padres de los alumnos tienen que ser aliados en el proceso educativo, y no sólo espectadores externos. Para ello, es necesario implicarlos en él, haciéndoles partícipes y contribuyendo a que se puedan producir los cambios que se precisan, lo que se puede realizar de diferentes maneras.

Se señala frecuentemente que los padres participan poco en el proceso educativo, y los profesores se lamentan de que, cuando convocan reuniones de padres, sólo asisten unos pocos, y generalmente son las madres, mientras que los padres se mantienen al margen. Podemos pensar que esto se debe a las obligaciones del trabajo, lo que sin duda es cierto, pero probablemente también a que no consideran que su participación tenga ninguna relevancia. Piensan que si su hijo tiene algunos problemas determinados ya les informarán directamente. Con frecuencia esas reuniones de padres suelen tener como objetivo tan sólo comunicar algunas de las cosas que se van a hacer, reduciendo la participación de los padres a estar informados. Algunos participan más activamente, pero esa implicación no debe limitarse a que ciertos padres estén en algún comité o Consejo Escolar, o que sean miembros más activos de la Asociación de Padres de Alumnos (APA).

Los padres pueden también contribuir con su experiencia a la labor formativa que se realiza en los centros. La tarea que se les encomienda puede estar relacionada con algunos de los temas que se tratan en la escuela. Por ejemplo, una madre puede ser médico y venir un día a hablar de las enfermedades infecciosas, o de los microorganismos que se encuentran en el medio, complementando los trabajos que se están realizando en clase y las explicaciones del profesor con una visión desde la experiencia de cada día. Un padre puede dedicarse a cultivos tempranos y explicar cómo se consigue obtener varias cosechas bajo plástico, o los problemas que plantean las plagas en esas condiciones. Una madre que trabaja en un banco puede explicar cómo automatizan los pagos o cómo están organizados los cajeros automáticos. Otro puede llevar una tienda pequeña de barrio y hablar de los problemas de la distribución o de la financiación, del mantenimiento de las mercancías o de cómo establecer una previsión de las mercancías que debe tener almacenadas. Los ejemplos podrían multiplicarse indefinidamente. De lo que se trata es de que los padres u otros miembros de la comunidad vengan a compartir su experiencia en la escuela, lo cual sin duda contribuirá a poner a los alumnos en contacto con nuevas experiencias.

Se pueden presentar múltiples objeciones a estas ideas, y entre ellas que muchos adultos no estarán capacitados para hacerlo, o simplemente no querrán. Sin embargo, la mayor parte de la gente que realiza un trabajo es capaz de describir cómo lo efectúa y cuáles son los problemas que encuentra, proporcionando una visión viva del interés, de las satisfacciones y las dificultades que encuentra en su actividad. Realizar eso le puede suponer un trabajo de preparación, que muchos estarán dispuestos a asumir si existe un clima favorable y es una actividad habitual de la escuela, y además le hará sentir más próximo el trabajo escolar.

A casi todo el mundo le gusta hablar de lo que hace, y, con la participación del profesor y quizá también de un consejo de alumnos, se puede contribuir a la preparación de esas actividades. Creo que esa participación de los padres y adultos en general puede enriquecer de forma extraordinaria la tarea que se hace en la escuela, aunque naturalmente dependerá de las actividades que esos adultos realizan y de su posible vinculación con algún aspecto del currículum escolar. Tendrán que hacerlo en términos comprensibles para los niños y de forma que se relacione con el resto de sus experiencias y de su aprendizaje; y el profesor lo puede organizar apoyado por un grupo de chicos y chicas que asuman responsabilidades en la organización de experiencias o la participación de personas.

Esas enseñanzas complementarias pueden vincularse también con visitas fuera de la escuela, que muchas veces pueden ser sugeridas por los propios padres, algunos de los cuales pueden llevar a los alumnos a visitar sus centros de trabajo, y programar, por ejemplo, una visita a una fábrica, como ya se hace ocasionalmente en algunas escuelas. Y también aquí hay que dejar un espacio a las iniciativas de los propios alumnos para que propongan salidas que puedan interesarles.

Cuando se realiza una educación innovadora resulta completamente indispensable vincular a los padres para que entiendan las líneas en las que se está transformando el proceso educativo y, de ese modo, convertirlos en aliados y no en enemigos. Cuando los padres ven que en la escuela se realizan actividades útiles, sentirán mucho más intensamente sus posibilidades de participación dentro de esas actividades. Puede que inicialmente se encuentre resistencia en algunos de ellos, ya sea porque piensen que tienen demasiadas ocupaciones, que resulta poco interesante lo que puedan contar, o que no se sientan capaces de hacerlo, pero a medida que ese tipo de intervenciones se extiendan, serán más fáciles de realizar, y unos padres pueden servir de estímulo a otros.

Pero conviene insistir en que no todas las personas que participen en las actividades de la escuela tienen que ser padres. Cualquiera puede ir a hablar de su experiencia, y creo que, si se da espacio a los alumnos para participar en la selección de esas actividades, puede hacerse mucho más rico y vivirse con mayor interés. En este aspecto la creación de grupos de apoyo a la escuela, de los que hablábamos antes, pueden ser también de una gran utilidad y un lugar de reclutamiento de personas que puedan contribuir con sus conocimientos y con su experiencia a la enseñanza. Esa participación no tiene que limitarse a intervenciones esporádicas en las clases, sino que puede hacerse también vinculándose con talleres y otras actividades extraescolares.

Con todo esto, en lo que queremos insistir es en que la enseñanza no debe quedar únicamente en manos del maestro, sino que hay que procurar que sea toda la sociedad la que enseñe, como sucede habitualmente en las sociedades tradicionales.

Los problemas sociales

Esto supone una ampliación muy considerable de los asuntos que se tratan en la escuela. Hemos señalado que los contenidos escolares no deben estar únicamente prefijados por la estructura de las disciplinas, sino que debe tenderse a partir de problemas cotidianos, y elevarse sobre ellos para llegar a las ciencias o saberes establecidos. Esa relación entre los problemas y las disciplinas debe ir variando de acuerdo a la edad de los alumnos, pues a medida que van creciendo, será necesario ir introduciendo más directamente los conceptos y las teorías científicas.

Los intereses de los alumnos son muy amplios, pero depende de cómo se responda a ellos. No es difícil darse cuenta de que cuando tratamos de transmitir a los alumnos los conceptos de una disciplina, pueden resultarles carentes de interés, porque la escuela generalmente no presenta el contexto en el que se ha producido la preocupación por esos asuntos. Si les empezamos a hablar del romanticismo en la literatura o la pintura, es muy probable que lo consideren como un rollo insufrible, que tienen que aprenderse porque están en la escuela y les van a preguntar sobre ello. Pero si estamos hablando de cómo han ido cambiando las formas de vida social, si hemos propiciado que realicen pequeñas investigaciones en grupos en su entorno acerca de cómo se vivía hace 50 o 100 años, preguntando a las personas mayores, tratando de mirar en periódicos o en libros de esa época, recogiendo o haciendo un inventario de objetos cotidianos que pueda haber en la casa, y eso se va extendiendo hacia épocas anteriores, podrán llegar a entender mucho mejor los cambios sociales, los cambios en las mentalidades y en las formas de vida.

Por poner otro ejemplo, los adolescentes se apasionan por la utilización de teléfonos móviles o celulares. Pero además de ser usuarios, se puede propiciar que tengan un conocimiento más profundo de los asuntos relacionados con esta nueva tecnología, partiendo precisamente del interés que tienen por ella. Además, constituye un asunto del que se habla continuamente en los medios de comunicación, ya sea haciendo referencia a la concesión de licencias de telefonía móvil, a la utilización de las antenas y los problemas de salud a los que puedan dar lugar, al crecimiento del uso de estos teléfonos y sus efectos económicos, o a los distintos modos de funcionamiento y de fabricación. Cuando se abordan problemas de ese tipo, se están tratando problemas económicos, de cambios en las costumbres sociales, de desarrollo científico y tecnológico, de efectos sobre la salud, etc., lo que puede dar lugar a múltiples estudios y proyectos y para lo que se puede contar con el apoyo de expertos o de personas que trabajan directamente en esos asuntos.

Con esto lo que queremos decir es que el ambiente es una fuente continua de problemas y que las diferentes disciplinas científicas constituyen respuestas a problemas cotidianos. De lo que se trata es de conectar esos intereses con las respuestas que nos proporcionan las ciencias o las artes.

¿De qué hablan las personas cuando se comunican entre sí, cuáles son los asuntos que les preocupan, cuáles los temas de conversación? Lo más probable es que no les escuchemos hablar de GALILEO o de NEWTON, ni tampoco de ARISTÓTELES o KANT, y ni siquiera de CERVANTES, JOYCE, ni de FREUD. Igualmente es raro que escuchemos conversaciones sobre la difracción de la luz, los cromosomas o las permutaciones.

Probablemente la gente de lo que más habla es de su propia vida y de lo que les acontece cada día, de sus relaciones sociales, familiares, sexuales, de sus dolencias, de su trabajo, etc. Fuera de ello, los medios de comunicación proporcionan también continuamente temas de conversación referentes a los deportes, los artistas de la canción, los programas televisivos, las películas, e incluso de la actividad política, económica, las guerras o los atentados. Esos temas van cambiando, porque responden a la actualidad, pero pertenecen a algunas categorías de asuntos. ¿Acaso la economía, la política, la sociología, la física, la psicología, las matemáticas, la medicina, la geografía, la historia, la literatura, no tienen nada que decir sobre esos temas?

Lo que pensamos, por el contrario, es que, para entender nuestros propios asuntos y los que afectan a la comunidad, las disciplinas científicas constituyen la única manera de procurarse explicaciones que vayan más allá del sentido común y de creencias sin fundamento. Por eso, la actividad educativa debería tomar como punto de partida esos problemas de los que se habla, que preocupan a la gente, para tratar de analizarlos y explicarlos con los recursos que nos ofrecen las diferentes disciplinas. Los trasvases de aguas, la actividad de los partidos políticos, los grandes concursos televisivos, el hambre en el mundo, el subdesarrollo de los países pobres, las guerras entre naciones, las catástrofes naturales o provocadas por el hombre, la violación de derechos humanos, todo ello debería ser objeto de reflexión escolar para aprender a analizarlos, y pondría de manifiesto que la escuela no es ajena a la vida. Y lo mismo podemos decir del funcionamiento de las máquinas que nos rodean, de la industria, de la contaminación del medio ambiente, de la elaboración de estadísticas, o de los premios en los juegos de azar. La ciencia y el conocimiento han surgido muy frecuentemente para dar respuestas a esos problemas y para constituir un cuerpo teórico que ayude a entender el mundo y a transformarlo.

Creo que la función de los centros educativos debería ser enseñar a analizar los problemas que tiene la sociedad y, en definitiva, a comportarse de una forma racional y solidaria en la vida. Ésa es una tarea que, como ya hemos señalado, tiene que realizarse primordialmente en los centros educativos, porque la vida social proporciona infinidad de informaciones, de problemas, de opiniones, pero lo que no ofrece es la manera de analizarlos con fundamento y huir de los prejuicios y las creencias irracionales.

Los medios de comunicación deben ser un punto de partida para el planteamiento de problemas, pero tienen que convertirse a su vez en objeto de análisis, para tratar de entender cómo funcionan, cómo se hacen, a qué intereses responden. Como decíamos anteriormente, la televisión no debe estar al margen de la actividad escolar, sino que tiene que ser también un objeto de estudio, lo mismo que los periódicos, la radio, los libros.

Los periódicos deben constituir un material fundamental para el trabajo escolar, porque ahí es donde queda reflejada la actualidad y las preocupaciones sociales. Los alumnos tienen que aprender a leer los periódicos, a extraer la información que proporcionan, a compararla con sus creencias, y a tratarla de forma crítica. El periódico es un instrumento utilísimo para trabajar sobre el análisis de la realidad. Desgraciadamente lo que encontramos con frecuencia es que los propios profesores no tienen la costumbre de leer los periódicos y, por tanto, difícilmente pueden contribuir en este sentido a la formación de sus alumnos.

Se dirá que estas propuestas son completamente utópicas y que es imposible analizar esos problemas o que los alumnos se interesen por ellos. Creo que no es así, y que tal vez haya problemas que sean más difíciles de abordar o que tengan menos interés teórico, pero creo que con imaginación, dejando que participen los propios alumnos, suministrándoles los medios adecuados, y con profesores que sepan trabajar de una manera creativa y dispongan de los instrumentos para hacerlo, se podría avanzar poderosamente por este camino.

La escuela aporta soluciones

Al ocuparse de este tipo de problemas la escuela no se limita a recibir las aportaciones del exterior sino que también puede ayudar a resolverlos. Puede contribuir, en primer lugar, ofreciendo sus instalaciones y sus servicios a toda la comunidad. Pero también puede contribuir promoviendo discusiones y coloquios sobre problemas que se plantean en el entorno y ofreciendo puntos de vista, datos, y además tratando de aportar soluciones a esos problemas del exterior, es decir, siendo una institución activa en el medio social en el que se encuentra.

Imaginemos que nos hallamos en una pequeña localidad en la costa que durante mucho tiempo ha sido una pequeña aldea de pescadores que poco a poco se ha ido viendo inundada por el turismo. El turismo, durante unos cuantos meses al año supone trabajo en la hostelería y los servicios para muchos habitantes de la localidad. Ha proporcionado también un auge económico considerable a los propietarios de terrenos y constructores de la localidad que han edificado numerosas viviendas , lo que ha servido para dar trabajo a muchos habitantes y gente venida desde fuera. Pero todo ello ha alterado profundamente las formas habituales de vivir y está cambiando rápidamente el medio. Algunos vecinos se inclinan por controlar y encauzar ese crecimiento, poniéndole restricciones y limitaciones, mientras que otros son partidarios de impulsarlo lo más posible dado que es una fuente de riqueza para la localidad. Unos argumentan que el medio ambiente se destruye, que el encanto que tenía la localidad se está perdiendo, que cambian las formas de vida, y que eso a la larga tendrá efectos negativos en cuanto que terminará por detener el crecimiento. Otros en cambio ven esa posibilidad como muy lejana y son partidarios de aprovechar al máximo la situación actual. Ése es un problema de discusión cotidiana que enfrenta entre sí a miembros de la asociación de vecinos, muchas veces con argumentos poco elaborados y dando lugar a discusiones básicamente pasionales.

Naturalmente esa problemática llega también a los niños y puede convertirse en objeto de la actividad escolar. El crecimiento de la localidad puede tratarse como un tema de estudio, analizándose cómo se ha producido ese crecimiento, cuál ha sido la evolución demográfica en los últimos años (comparando planos y censos), cómo han cambiado las condiciones de vida y el nivel de vida, cómo han ido modificándose los servicios, y de esta manera se puede llegar a recoger una documentación importante en la escuela que ayude no sólo a los niños a entender mejor el problema y a formarse una opinión más exacta sobre él, sino incluso que pueda proporcionar datos a los adultos para tomar posiciones y hacerlas más claras.

Igualmente si estamos en una localidad en la que tiene importancia la apicultura y se ha producido una plaga que ataca a las abejas, los chicos pueden recopilar documentación sobre el problema, realizar experimentos y tratar de buscar soluciones, o al menos de entender los diversos aspectos del problema.

Esto no son más que ejemplos elementales de cómo puede abordarse un tema que está vivo en el medio social y tratarlo en la escuela. El análisis de problemas de este tipo puede incluir estudios demográficos, históricos, análisis de los cambios en las costumbres, pero también sobre la flora y la fauna, sobre la evolución de los tipos de cultivo, sobre los cambios en los oficios, etc., es decir, una información muy rica, que cubre muchos campos de la vida humana y que afecta a diferentes disciplinas que se estudian en la escuela. De este modo, en el centro escolar no sólo se tratan problemas vivos y candentes del entorno, sino que se pueden aportar perspectivas, visiones, y contribuir a que los problemas se analicen racionalmente, lo que puede resultar beneficioso tanto para los escolares como para la comunidad.

En muchos lugares se están presentando problemas con los inmigrantes, enfrentamientos entre comunidades, que llegan a la escuela, pero generalmente ésta no trata de facilitar que los alumnos entiendan el problema, que aprendan a analizarlo, cuándo podrían contribuir mucho a aliviar esas tensiones, a mostrar cómo se pueden descomponer los asuntos y abordarlos de una manera racional.

Hay que traer a la escuela los problemas del exterior, pero incluso los problemas sociales, los conflictos, los problemas políticos, los temas de preocupación y discusión social como pueden ser la subida de los impuestos, de la gasolina, el aborto, la pena de muerte, la construcción de un nuevo centro comercial en la localidad, o de una autopista, de un aeropuerto o de una fábrica, los conflictos entre grupos de vecinos, todas esas cosas pueden ser objeto de estudio, no sólo como temas de interés social, sino para tratar de contribuir a su solución. En muchos casos los alumnos, con la ayuda del profesor, y con el recurso a expertos, pueden contribuir a buscar soluciones.

Es fácil comprender la importancia que puede tener trabajar en esta línea. Los resultados del trabajo de los escolares tienen una incidencia sobre la vida social pues ellos constituyen un instrumento de difusión a través de las familias. Además pueden convencerse de que lo que ellos hacen no es una tarea estéril y puramente repetitiva sino que contiene aportaciones, por pequeñas que sean, a problemas reales del entorno. Esto hace además que los adultos vean claramente el sentido de la actividad escolar y que aprendan a respetarla por sí misma, no sólo como una llave para un futuro mejor de sus hijos, o como un rito que hay que cumplir. Eso puede contribuir también a modificar las relaciones sociales dentro de la comunidad y a mejorarlas.

Una escuela de estas características es entonces algo muy distinto de los actuales centros escolares dedicados a la penosa adquisición de una cultura a la que los escolares no encuentran sentido. Pero, para ello, hay que resaltar que la participación de toda la comunidad es indispensable. Para llegar plenamente hasta aquí, es preciso un tipo de participación social mucho mayor y que la gente sienta que los problemas de su entorno son sus problemas y que puede hacer algo por ellos. Está lejos, pero llegaremos.

La disposición de la escuela

Una escuela, para satisfacer las necesidades que venimos comentando, debería realizar una serie de adaptaciones en su disposición física para poder atender a esas tareas. Posiblemente debería contar con espacios de usos múltiples que puedan transformarse de acuerdo con las diferentes necesidades. Muchas escuelas disponen de los elementos necesarios, como gimnasios, campos de deportes, talleres, salas de ordenadores y simplemente deberían poder ampliar su uso. Pero estas funciones nuevas se deberían tener en cuenta a la hora de construir nuevos centros educativos o de realizar transformaciones en los existentes.

Si decimos que una escuela tiene que ser concebida como un centro de producción y distribución, esto quiere decir que tiene que disponer de los medios suficientes para tener almacenada esa cultura y para producir cultura nueva. Por ello tiene que ser un centro dotado de laboratorios, de espacios de trabajo para realizar una determinada actividad, de talleres y de almacenes de conocimiento como pueden ser bibliotecas, ordenadores, vídeos y otros medios de almacenamiento audiovisual. Son también necesarias salas de reunión y de discusión, así como un lugar para celebrar asambleas, un salón de actos.

El horario de los centros escolares tendría que ampliarse, lo que requería disponer del personal necesario, y es aquí donde será preciso realizar más inversiones. Para muchas de las tareas que hemos señalado se puede contar con apoyos del exterior, pero dentro del centro tiene que haber responsables de las tareas que van a realizarse, así como de la seguridad. La función de los profesores tiene que ser mucho más dinámica que la actual de enseñar unos temas del programa, para incluir la elaboración de proyectos y un trabajo en equipo mucho más intenso pues, en lo que hemos estado proponiendo, los límites entre las disciplinas se desdibujan y requieren la colaboración de profesores de áreas diversas. El director debe ser elegido por sus cualidades como organizador y para fomentar el trabajo en equipo. Los profesores tendrán diferentes competencias y los horarios podrán ser más flexibles, al existir docentes dedicados a las actividades de ocio. Pero tendrán que existir también otro tipo de profesionales distintos encargados de promover las variadas actividades.

En muchas escuelas deberían existir granjas en las que se produjeran alimentos y la posibilidad de realizar algunas ventas de los excedentes, mientras que, por otra parte, se pueden utilizar en los comedores de la propia escuela. La producción de los talleres pueden también comercializarse, y contribuir de ese modo a la financiación de distintas iniciativas.

Debe fomentarse lo más posible el intercambio entre diferentes escuelas que realizan actividades innovadoras. Esos intercambios pueden tener lugar entre los alumnos, y entre los profesores, de manera que se fomente la circulación de ideas y la difusión de las experiencias, para que de esta forma se enriquezcan entre ellas. La difusión de las ideas puede realizarse también mediante publicaciones y páginas en Internet que incrementen el contacto entre los centros educativos y la sociedad en general, ampliando el ámbito de difusión de las experiencias mucho más allá del entorno inmediato.

Hacia una escuela ciudadana

Si queremos adaptar la educación a las necesidades del presente y prepararnos para el futuro, es preciso introducir en los centros escolares cambios de mayor alcance que modificar las materias que se enseñan: la distribución horaria o especificar con claridad en qué condiciones se repetirá un curso. Mientras no se comprenda esto, no seremos capaces de llegar muy lejos.

Es evidente que las reformas educativas no se hacen sin que se presenten numerosas resistencias por parte de todos los actores implicados. Tendemos a reproducir las prácticas a las que estamos habituados y sólo estamos dispuestos a cambiar si se percibe que la nueva situación va a traer muchas más ventajas que inconvenientes.

Por tanto, las reformas tienen que ser vistas como algo que va a mejorar las condiciones en las que trabajan los adultos que son responsables de aplicarlas, principalmente los profesores, los administradores, pero también los padres que se van a beneficiar de ellas. Si se contempla la reforma como algo que únicamente nos va a obligar a trabajar más, cambiando nuestros hábitos para obtener resultados inciertos, lo más probable es que tratemos de resistirnos a ella. Por el contrario si vemos que nos va a producir algún beneficio, entonces nos sentiremos más inclinados a aplicarla.

Las ventajas pueden ser de muchos tipos diferentes. Lo más evidente puede consistir en mejoras económicas o salariales, o en las condiciones de trabajo, pero también en estar más satisfechos con la labor que se realiza, en obtener mejores resultados y sentir que nuestros alumnos aprenden más y son más felices.

Los políticos deberían ser plenamente conscientes de que los cambios no se realizan mediante las leyes, que sólo son el marco que las permite, sino que precisan de la participación activa de los que están directamente implicados, y sobre esto habría que trabajar prioritariamente.

Uno de los actores principales de los cambios tienen que ser los profesores, que sin embargo suelen sentirse excluidos de las decisiones referentes a

las reformas, y por tanto tienden a verlas con escepticismo. Pero la participación y la complicidad de los profesores resulta absolutamente indispensable
si se quiere cambiar algo.

El papel del profesor

¿Cuál debería ser el papel del maestro en estas instituciones escolares
hacia las que deberíamos tender? Porque el profesor es la pieza central del
funcionamiento de la escuela, y si no cambia su función no tenddrá lugar ninguna modificación educativa, ni será posible ninguna reforma.

Todas las reformas educativas fracasan porque se hacen leyes, se hacen reglamentos, se hacen libros de texto pero parece olvidarse que es el
profesor el que tiene que administrar todo eso, y si el maestro continúa
desarrollando la misma práctica que ha realizado durante toda su vida,
entonces no habrá cambios que vayan al fondo del problema, sino que
adaptará las nuevas normas a su propia práctica, y seguirá con sus rutinas
habituales.

Para empezar, el profesor tiene que tener una conciencia clara de que él
no enseña directamente, porque hablando con rigor es una ilusión pensar
que estamos enseñando. *Los profesores ponemos las condiciones para
que nuestros alumnos aprendan mediante su propia actividad*; porque
sabemos que el conocimiento tiene que ser construido por el propio sujeto.
Entonces el docente lo que tiene que hacer es facilitar, crear las situaciones
en las cuales el alumno aprenda a partir de su propia práctica, de su propia
actividad.

La función del maestro es extraordinariamente difícil. Creo que los profesores deberían ser de los profesionales mejor pagados en la sociedad porque
tienen que desempeñar una de las funciones más difíciles que existen y de
mayor trascendencia: formar a la nueva generación. Y hay que proporcionar-
les los medios para realizar su tarea. Muchas veces los profesores desean
cambiar su práctica, pero no disponen de instrumentos, de conocimientos o
de los medios necesarios para poder llevarlo a cabo.

El docente tiene que ser un *modelo*, un modelo racional y moral porque
muestra cómo hay que pensar y cómo hay que comportarse, un modelo
que sus alumnos puedan imitar. Mediante su actividad, el profesor muestra
al niño cómo se puede trabajar, cómo se deben abordar los problemas y
cómo se deben manejar la relaciones sociales. Frecuentemente los alumnos se quejan de que reciben poca atención por parte de los profesores o
que les dan un trato arbitrario. Muchos alumnos están convencidos de que
los maestros no se interesan por ellos y no les tratan de forma amable ni
amistosa.

Tiene que ser un *árbitro* que aplica las normas ayudado por los alumnos
y que va poco a poco transfiriendo su autoridad al colectivo. La función del
profesor, a lo largo del desarrollo de los alumnos, de su escolaridad en la
escuela, es renunciar a su autoridad para depositarla en el grupo. En eso

consiste la democracia, en un gobierno en el que todos están participando, no en el que hay uno que es el que decide lo que todos los demás deben hacer.

Además el profesor tiene que ser un *animador social* en el sentido de que crea situaciones de aprendizaje, impulsa la realización de esas actividades, e incita a que los alumnos las desarrollen, las lleven adelante, y les ayuda y orienta en las dificultades, les da consejos y trabaja con ellos.

El profesor, como el actor, para ser bueno, tiene que amar su tarea, que encontrar placer en lo que enseña, tener gusto por el contenido y por la actividad de enseñar y ser capaz de contagiar ese entusiasmo a los alumnos que tiene a su alrededor. Pero tiene también que saber renunciar al papel central, al papel de divo e ir quedándose a un lado para transferir el protagonismo a sus alumnos. Debe propiciar la autonomía del niño y debe dejar que el alumno, y sobre todo los grupos de alumnos, tomen iniciativas, interviniendo sólo cuando sea necesario. Pero él es el que puede transformar un tema aparentemente sin interés en un problema de gran trascendencia teórica o humana, el que puede proporcionar los materiales para que los alumnos trabajen, el que con una palabra puede orientar la línea de trabajo, o el que plantea la pregunta precisa para mostrar la dificultad de ir por un camino. Eso lo puede hacer muchas veces utilizando un método no directivo, reflejando los deseos del alumno para que tome conciencia de qué es lo que hace.

Los obstáculos

La escuela es una institución que está muy enraizada en la sociedad en la que se encuentra, por lo que las relaciones entre la escuela y la sociedad son muy estrechas, y muchas veces se ha señalado que cada sociedad tiene la escuela que le corresponde, y que no es posible que exista un divorcio entre una y otra.

A una sociedad autoritaria, le corresponderá una escuela autoritaria, y sería difícil cambiar la sociedad empezando por cambiar la escuela. No es la escuela el lugar desde el que podamos transformar la sociedad. Se pueden promover modificaciones, hay cambios que se pueden introducir, y que contribuirán en el futuro a que la sociedad cambie, pero la escuela es una parte de la sociedad, y por tanto dependiente de ella.

No se pueden provocar grandes cambios si la escuela tiene que desenvolverse en un medio social en el que predominan valores que son contrarios a los que promueve. Podemos estar predicando determinado tipo de valores, pero si los que predominan en la sociedad son contrarios, apenas conseguiremos modificar esos valores en nuestros alumnos.

Entonces, hablando en términos generales, nos podemos plantear: ¿cuáles son los obstáculos que se oponen a que tengamos una escuela verdaderamente democrática? Hay una serie de obstáculos que se encuentran en la sociedad en general y sobre los que resulta difícil actuar directamente desde la escuela. Pero sí debemos tener conciencia de ellos.

Lo primero son las propias deficiencias del sistema democrático. La democracia, lo sabemos perfectamente, no es un estado en que una sociedad se encuentre, sino que es un camino, un proceso y no podemos decir que una sociedad es perfectamente democrática.

No. Hay sociedades más democráticas que otras, menos democráticas, o nada democráticas, y siempre nos tenemos que ir moviendo hacia un estado mejor; la democracia es algo que siempre tiene que estarse perfeccionando. Nunca encontraremos una sociedad que sea perfectamente democrática, como nunca encontraremos el Estado perfecto, ni una ciencia que lo explique todo. Pero ¿cuáles son las sociedades que son más democráticas? Esas sociedades en las que los ciudadanos participan y deciden, pero participan no sólo mediante las votaciones, que tan sólo constituyen un acto ritual, sino que se implican directa y activamente en los asuntos públicos. No basta con elegir a los gobernantes, si luego no tenemos formas de controlar lo que hacen.

La democracia es, pues, una forma de funcionamiento, aunque no sólo, y una dirección en la que tenemos que movernos, pero encontramos frecuentemente en muchos países, creo que desgraciadamente en casi todos, que los gobernantes se preocupan más por mantenerse en el poder que por las cosas que puedan realizarse a través de disponer de ese poder. Entonces, mejorar el sistema democrático participando todos en ello es algo necesario, y las deficiencias en el sistema democrático son dificultades para llegar a una escuela democrática.

El segundo punto que me gustaría mencionar es la independencia y falta de control que existe actualmente sobre el poder económico. Porque en las sociedades que se dicen democráticas elegimos a nuestros gobernantes, y podemos no elegirlos. Pero al poder económico no lo elegimos, el poder económico es un poder completamente oculto, cuyas actuaciones se producen habitualmente en la trastienda, pero que se nos impone. Es decir, las grandes empresas transnacionales no están bajo el control de los ciudadanos, puede haber algunas leyes que limiten ciertas formas de funcionamiento, pero en definitiva son bastante autónomas y fuera de ese funcionamiento democrático.

Tienen un enorme poder y creo que cada vez más, y el neoliberalismo propugna en definitiva que las empresas funcionen sin estar sometidas a reglas, sin estar sometidas al poder político, que sería el democrático. Como señala un autor que se ha ocupado mucho de la democracia, el tratadista italiano Norberto Bobbio (1984), la democracia no depende fundamentalmente de cuántos votan, sino de dónde se vota, es decir, en qué tipo de ámbitos sociales existe un control por parte de los ciudadanos. Entonces se trata de que la democracia llegue no sólo a las instituciones políticas, sino al funcionamiento económico, a las escuelas, a los sindicatos, a las asociaciones, a los clubes de fútbol. La democracia sólo existirá cuando se extienda a todos los lugares, cuando los ciudadanos participen de la toma de decisiones, y en el control de lo que se hace en todos los lugares.

Los medios de comunicación creo que hay que mencionarlos, y merecerían que les dedicáramos mucho más espacio, porque los medios de comunicación, y sobre todo la televisión, constituyen este momento uno de los obstáculos graves para el funcionamiento democrático. ¿Por qué digo esto? Porque muchas veces se afirma que la escuela es una institución que transmite conocimientos y que transmite valores. ¿Y que hacen los medios de comunicación? Igualmente transmiten conocimientos y transmiten valores; o, por lo menos, transmiten informaciones, pero además lo hacen de una manera mucho más eficaz que las escuelas, que resulta mucho más divertida, capta nuestra atención y apenas exige esfuerzo mental. Si le damos a elegir a un chico entre ir a la escuela o ver la televisión, hay pocas dudas de que se quedará viendo la televisión, y no irá a la escuela, a no ser para encontrarse con sus amigos. Pero la diferencia esencial es que la televisión no facilita reflexionar sobre lo que se está haciendo, no facilita el pensamiento reflexivo sino que, más bien, lo inhibe, y ésa es la tarea que tiene que realizar la escuela.

Además la televisión presenta personajes que son modelos de lo opuesto al trabajo escolar. Casi todas las personas que aparecen en la televisión no son individuos que están ahí porque son muy sabios, porque han realizado una larga escolaridad y han tenido muchos éxitos en ese terreno, sino que justamente suele suceder lo contrario: son personas que han triunfado rápidamente en el deporte, en la canción, que son artistas, que son famosos; incluso cuando hablan los políticos, tampoco se señala precisamente que son sus triunfos escolares o su formación, los que les han llevado ahí.

Entonces, siguiendo esos modelos, los jóvenes lo que quieren es ser famosos, aparecer en los medios de comunicación. Los muchachos y muchachas se plantean: ¿para qué estudio, si realmente lo que yo querría hacer no lo voy a conseguir a través de la escuela sino a través de otros medios? O sea que, desde muchos puntos de vista, la televisión, y más en general los medios de comunicación, también la radio, los periódicos, etcétera, aunque en una medida mucho menor, están ejerciendo una influencia importantísima en sentido contrario a la escuela. Por lo tanto ésta no debería ignorarlos, en contra de lo que sucede actualmente, pues la escuela en este momento funciona como si no existiera ese competidor tan poderoso. Si concebimos que la escuela debe ser un laboratorio desde el que aprender a analizar el mundo, uno de sus objetivos debería ser ayudar a desentrañar las características de los mensajes televisivos, algo que ya se está proponiendo en los programas de secundaria actuales, principalmente en el área de lenguaje. Eso es algo positivo que no debería quedar tan sólo reducido al ámbito del lenguaje. Pero parece importante que los alumnos en las escuelas analicen los programas de televisión, realicen programas informativos. En este momento cada vez son más accesibles las cámaras de vídeo, y se pueden utilizar en el interior de las escuelas. Todo esto es algo que debería quedar incorporado al trabajo que se realiza en los centros educativos.

Lo que no debería enseñarse en la escuela

Querría finalmente mencionar todavía tres obstáculos más para el pensamiento autónomo, aunque a primera vista puedan no parecerlo: el nacionalismo, la religión y el deporte.

La educación es uno de los puntos más sensibles de la lucha y la confrontación ideológica entre la izquierda y la derecha. En el fondo, existe un profundo desacuerdo sobre cuáles deben ser los objetivos últimos de la educación. Quizá resulte una simplificación —pero tiene aspectos que se corresponden mucho con la realidad— decir que la derecha no está interesada en el fondo en que se proporcione una educación racional y crítica para todos los alumnos. Cuando hablan de calidad, se refieren sobre todo a que los alumnos tengan un buen conocimiento repetitivo de las materias escolares, pero les interesa mucho menos que alcancen una capacidad para pensar racional y críticamente sobre los problemas.

Ven la educación como una forma de perpetuación de la ideología conservadora, y por ello les interesa la transmisión de posiciones ideológicas y de valores de contenido particularista como los referentes a la religión.

Deberían quedar excluidas de la educación las visiones particularistas que se relacionan con el ámbito de las creencias privadas. Dentro de ello tenemos que incluir las creencias religiosas y las creencias nacionalistas, aunque posiblemente existan otras. Por supuesto se tiene que excluir de la enseñanza la educación sexista y racista, y todas las visiones del mundo sesgadas.

Por tanto la enseñanza de la religión, de una religión particular, debería quedar fuera del ámbito escolar. Los padres que deseen ese tipo de educación para sus hijos deberían proporcionársela en la casa, o en otro tipo de lugares contratados de forma privada, como los centros religiosos. Resulta completamente absurdo que en un Estado que se declara independiente de la religión, y en cuya Constitución (artículo 16) se declara que "ninguna confesión tendrá carácter estatal", se siga proporcionando educación religiosa de una religión determinada. La religión sólo debe tener cabida en la enseñanza de la historia y de las ciencias sociales como un fenómeno social más, que ha tenido gran importancia en épocas en que la gente lo ignoraba casi todo. Hay que ayudar a entender el papel que ha tenido la religión en las distintas sociedades, su vinculación con el poder, y analizar las necesidades que trata de satisfacer. Pero en la escuela no se deberían transmitir unas creencias determinadas, y menos como si fueran absolutas.

Pero la enseñanza de una religión no debería estar excluida únicamente de las escuelas públicas, sino de cualquier tipo de escuelas, sean privadas o sean concertadas. Por tanto la financiación por parte del Estado de las enseñanzas religiosas debería ser suprimida por completo. Además se debería establecer una diferenciación entre lo que es el conocimiento en general, y la transmisión de valores particularizados. En un Estado en el que existe libertad ideológica y religiosa se debe dejar un espacio para la práctica y la trans-

misión de las creencias religiosas y de otro tipo siempre que sus manifestaciones no vayan en contra del mantenimiento del orden público, como se
establece en ese mismo artículo de la Constitución (artículo 16).

Naturalmente esto se relaciona con la existencia de escuelas que están
creadas para transmitir un determinado tipo de ideología. Creo que, en principio, sólo debería existir la enseñanza pública y no la enseñanza privada,
pero si ésta existe, no se debería permitir que se transmitiera en ella creencias de tipo particularista. Si el Estado financia escuelas de titularidad particular, debería ser con la condición de que en ellas no se transmitieran ese
tipo de creencias. Hay que diferenciar el aspecto de negocio que puede tener
la educación del aspecto de servicio público.

El otro gran lastre es el de la *educación nacionalista*. Creo que hay que
intentar fomentar los valores universales que pueden unir a todos los hombres, y en un momento en que se cree cada vez más en los derechos humanos para todos, en que hemos tomado conciencia de que nuestro destino
está ligado al de la Tierra, que es una para todos. Sin embargo, en este
momento, la tendencia que se está difundiendo más es aquella que tiende
a educar en determinados valores nacionales. Los gobiernos de las Auto-
nomías, de las Nacionalidades, de las regiones o de las naciones, intentan
fomentar en los individuos sentimientos de adhesión nacional, que son particularistas, en detrimento de los valores universales. La valorización de la pertenencia a una determinada comunidad no debería hacerse nunca en detrimento de la igualdad de todos los seres humanos.

El *nacionalismo* puede tener elementos positivos, pero también entraña
muchos peligros, porque generalmente es un arma manipulada desde el
poder. Se utiliza el sentimiento nacional de la gente para el beneficio de algunos pocos, y hemos visto desgraciadamente cómo los movimientos de liberación que se produjeron sobre todo en África en los años sesenta y setenta, no
han llevado generalmente a que esas sociedades se hayan hecho más pros-
peras y más democráticas, sino simplemente a que cambien los que están
en el poder, al que llegaron apoyándose en el nacionalismo para beneficio
propio.

En la escuela creo que hay que desarrollar ante todo el sentimiento de
pertenencia a la humanidad y no fomentar las creencias que nos oponen a los
otros, cosa que está en el origen de las guerras, y que frecuentemente son
manipuladas de una forma muy ideológica por parte de los gobernantes. Promover el sentimiento de que todos formamos parte de una misma especie y
del mismo género humano, creo que es algo muy importante; y el nacionalismo, como toda mala hierba, se desarrolla por sí sólo, sin necesidad de cuida-
dos especiales. Fomentarlo se opone al establecimiento de una escuela verdaderamente democrática. El amor a la propia tierra y a las costumbres
adquiridas no debe impedir que comprendamos a los otros, ni a que nuestras
formas de vida son superiores a los demás, más que en lo que atañe a los
derechos universales.

Por último, mencionaría el *deporte*, lo que también puede resultar cho-
cante. El deporte es una actividad muy beneficiosa, que contribuye al desa-

rrollo físico, y que puede tener también unos efectos importantes en la formación moral. Pero al mismo tiempo ha pasado a convertirse igualmente en una
forma de fanatismo que muchas veces se fomenta y que da lugar a conflictos
sociales, incluso a crímenes, y tenemos que hablar con demasiada frecuencia de la violencia en el deporte. En mucha gente produce una identificación
apasionada y poco reflexiva con algo abstracto, como el nacionalismo, que
puede llevar al fanatismo, y al odio al diferente. Por supuesto que no estoy
hablando del deporte como una práctica saludable, sino del deporte como
una institución que maneja además una gran cantidad de dinero, que se mue-
ve por unos intereses económicos gigantescos y con frecuencia oscuros
(pensemos, por ejemplo, en los grandes clubes de fútbol y en sus dirigentes).

Éstos son entonces lastres muy pesados para cualquier reforma educativa, que debe hacerse respetando los derechos individuales y colectivos, pero
sin permitir que se dé una formación excluyente. Se acepta fácilmente que en
este momento resultaría inadmisible una educación que promoviera la des-
igualdad entre los seres humanos, y se han hecho grandes esfuerzos para
combatir la educación sexista. Igualmente resultaría inadmisible proporcionar
una educación racista que exaltara los valores de una determinada "raza"
sobre otra, ya sea la "raza" aria, semita, o de cualquier otro tipo.

El gran objetivo de la educación, el más general de todos, es hacer que
nuestros alumnos puedan prescindir de nosotros y lleguen a pensar y a
actuar de acuerdo con sus propias ideas, con sus propios principios, con sus
propias reglas morales, siendo capaces de valorar cada situación y de tomar
decisiones respecto a ellas. Ésto es lo más difícil de conseguir, porque de
igual manera que los padres pretenden durante mucho tiempo seguir teniendo control sobre sus hijos, y no siempre les dan los instrumentos para que se
conduzcan como individuos autónomos, los profesores nos sentimos satisfechos cuando los alumnos reproducen nuestro pensamiento y probablemente tenemos resistencias a dejarles que ellos mismos encuentren sus soluciones.

Cambiar la educación resulta, por ello, extremadamente difícil. No debemos caer en el optimismo injustificado, pero tampoco en el pesimismo. En la
vida humana sabemos que algunas cosas son imposibles, mientras que otras
son difíciles pero imprescindibles. Ésto es lo que sucede con cambiar la educación.

Uno de los problemas que nos podemos plantear es cómo pueden iniciarse estos cambios en la escuela, cambios que los gobiernos intentan abordar
mediante la promulgación de leyes. Frente a ello lo que hay que tratar es de
crear un clima de movilización educativa en el que se procure involucrar a
todas las fuerzas sociales implicadas tales como sindicatos, asociaciones de
padres, movimientos de renovación pedagógica, movimientos ciudadanos,
utilizando también los medios de comunicación. Hay que crear un clima de
reflexión y discusión sobre los problemas educativos, y se deben también ini-
ciar campañas para concienciar a los padres.

Tenemos una tarea muy complicada por delante, pero ya disponemos de
muchas experiencias muy valiosas, que muestran caminos por los que es

posible transitar. Muchas de las cosas de las que hemos estado hablando se han experimentado y son prácticas que funcionan. Hay muchísimas experiencias muy valiosas, pues desde principios del siglo xx, con la Escuela nueva, la Escuela moderna, la Escuela activa que introdujeron cambios muy fructíferos en la escuela, pero cambios que desgraciadamente no se han generalizado, y sólo se han aplicado parcialmente.

Hemos de tener presente que los cambios que precisamos son muy globales, es decir que tienen que afectar a muchas cosas al mismo tiempo, no podemos limitarnos únicamente a un aspecto. Y sobre todo debemos tener claro que los cambios educativos no son puramente cambios técnicos, no se trata de modificar un poquito los programas, de variar un poquito las formas de enseñanza, las formas de evaluación, sino que tenemos que referirnos a todo el conjunto de lo que supone la escuela que, como una institución social, es algo muy complejo con unos participantes, con unas relaciones, con unos objetivos, y que sirve a unos intereses. Y todo eso forma como una red en la que, en el momento en que se nos rompe uno de los nudos, se nos puede empezar a desmoronar toda entera.

Las competencias que tiene que desarrollar la escuela

Desde el punto de vista cognitivo del desarrollo de las capacidades mentales de los alumnos, la escuela debe enseñar a reflexionar sobre problemas que preocupan e interesan a los estudiantes. Antes que a acumular conocimientos la escuela debe enseñar a pensar, a plantearse problemas, a analizarlos, a buscar soluciones alternativas y compararlas, a contrastarlas con las opiniones de otros y poder valorar cuáles son las mejores. Es necesario proporcionar un conocimiento que sea utilizable, que pueda traducirse en la acción y que sirva para entender el mundo.

La tarea de la escuela debe ser especialmente importante para promover las capacidades sociales. Debe enseñar a convivir, a compartir y a colaborar con los otros, buscando proporcionar una buena inserción en el mundo social y una preparación para la vida democrática. Para ello, los alumnos deben ser tratados con respeto, con cariño y como seres humanos que tienen sus necesidades, sus intenciones y sus debilidades. Y hay que hacerles reflexionar sobre éstas, sobre la necesidad de establecer normas, respetarlas y sancionar su incumplimiento. Eso tiene que ser tarea de todo el grupo y no únicamente del profesor, pues de lo que hay que tratar es de atribuir responsabilidades a los alumnos. Hay que insistir siempre sobre las consecuencias que tienen sus acciones, y cómo repercuten sobre ellos mismos y sobre los demás.

Éstos son los aspectos del trabajo educativo que no debemos perder de vista. Frecuentemente los niños pequeños piensan más en el placer del momento que en el futuro y tenemos que ayudarles a que prevean los efectos que van a tener sus conductas.

Junto a esto se tiene que desarrollar su capacidad para situarse en la perspectiva de otro, lo que se denomina la capacidad de descentración. En la vida social tenemos que aprender a entender los puntos de vista de los demás, y sus razones, aunque no estemos de acuerdo con ellas. Pero, puesto que el conflicto es un componente esencial de las relaciones con los otros, hay que aprender a resolverlos mediante la negociación, mediante el abandono de la propia posición para acercarnos a la de nuestro competidor. Por ello hay que desterrar la idea de que los conflictos pueden resolverse de forma satisfactoria mediante la fuerza y la imposición. Uno de nuestros objetivos fundamentales debe ser que nuestros alumnos se conviertan en seres autónomos, y lo más felices que sea posible.

Tenemos necesariamente que trabajar desde distintas perspectivas. En definitiva creo que es una gran tarea la que tenemos por delante los educadores, y también toda la sociedad, pero que vale la pena empeñarse en ella. Tenemos que ser optimistas, porque, aunque la tarea sea enorme y a veces sintamos que vamos más despacio de lo que desearíamos, vamos avanzando.

Bibliografía

BARRIO, Cristina del; MARTIN, Elena; MONTERO, Ignacio; FERNANDEZ, Isabel y GUTIÉRREZ, Héctor (2002). "Bullying in Spanish secondary schools". *The International Journal of Children's Rigths*, 9, págs. 241-257.

—; MARTÍN, Elena; MONTERO, Ignacio; GUTIÉRREZ, Héctor y FERNÁNDEZ, Isabel (2003). "La realidad del maltrato entre iguales en los centros de secundaria españoles". *Infancia y aprendizaje*, 26, págs. 25-47.

BENNETT, William (1993). *The book of virtues*. Nueva York: Simon & Schuster.

BOBBIO, Norberto (1984). *El futuro de la democracia*. Traducción castellana de J. Moreno, Barcelona: Plaza & Janés, 1985.

BRODHAGEN, Barbara L. (1997). "La situación nos hizo especiales". En: M. W. APPLE y J. A. BEANE (Comps.) (1997) *Escuelas democráticas*. (Trad. cast. de T. del Amo, Madrid: Morata, 1997.)

BRUNER, Jerome S. (1997). *The culture of education*. (Trad. cast. de F. Díaz, *La educación, puerta de la cultura*. Madrid: Visor.)

CHEVALLARD, Yves (1991). *La transposición didáctica. Del saber sabio al saber enseñado*. Traducción castellana de Claudia Gilman. Buenos Aires: Aiqué, 1997.

CLAXTON, Guy (1991). *Educar mentes curiosas*. Madrid: Visor, 1994.

COMENIUS, Jan Amos (1658). *Orbis sensualium pictus*. Nuremberg. [Texto bilingüe latín y alemán]. Facsímil de la 3.ª edición inglesa de 1672 [texto en latín e inglés], Sydney: Sidney University Press, 1967.

Defensor del Pueblo (2000). Informe sobre violencia escolar: el maltrato entre iguales en la educación secundaria obligatoria. Elaborado por C. DEL BARRIO, E. MARTIN, I. MONTERO, L. HIERRO, I. FERNANDEZ, H. GUTIÉRREZ y E. OCHAITA. Madrid: Defensor del pueblo. (Puede consultarse en http://defensordelpueblo.es/informes/espec99/maininfoa1. html).

DELVAL, Juan (1989). "La representación infantil del mundo social". En E. Turiel, I. Enesco y J. Linaza (Eds.) *El mundo social en la mente infantil*, Madrid: Alianza, 1989, págs. 245-328.

— (1990). *Los fines de la educación*. Madrid/México: Siglo XXI.

— (1994). *El desarrollo humano*. Madrid/México: Siglo XXI.

— (1995). "Algunas reflexiones sobre los derechos de los niños". *Infancia y sociedad*, n.º 28, págs. 4-32.

DELVAL, Juan (2000). *Aprender en la vida y en la escuela*. Madrid: Ediciones Morata, 3.ª ed. 2005.

— y ECHEITA, Gerardo (1991). "La comprensión en el niño del mecanismo de inter-cambio económico y el problema de la ganancia". *Infancia y Aprendizaje*, 54, págs. 71-108.

— y ENESCO, Ileana (1994). *Moral, desarrollo y educación*. Madrid: Anaya-Alauda, 1994.

— y PADILLA, M.ª Luisa (1999). "El desarrollo del conocimiento sobre la sociedad". En F. LOPEZ, I. ETXEBARRIA, M. J. FUENTES y M. J. ORTIZ (Coords.) *Desarrollo afectivo y social*. Madrid: Pirámide, págs.125–150

—; BARRIO, Cristina del y ESPINOSA, M.ª Ángeles (en preparación). *Los derechos de los niños vistos por los propios niños*.

DURKHEIM, Emile (1911). "Educación". Artículo para el *Nuevo Diccionario de Peda-gogía y de Instrucción Primaria*, dirigido por F. BUISSON. París: Hachette, 1911. Trad. cast. de A. Pestaña en DURKHEIM, *Sociología y Educación*. Madrid: Ediciones de La Lectura, s.a., págs. 55-98. Hay varias ediciones más en castellano, entre ellas *Educación y sociología*. Barcelona: Península, 1975.

— (1925). *L'éducation morale*. París: Alcan. (Trad. cast. de P. Manzano, *La educación moral*. Madrid: Morata, 2002.)

EDWARDS, Mónica., GIL, Daniel., VILCHES, Amparo. y PRAIA, João (2004). "La atención a la situación del mundo en la educación científica". *Enseñanza de las ciencias*, 22, págs. 47-64.

FERNÁNDEZ ENGUITA, Mariano (2005). "El todo y la suma de las partes". *Cuadernos de pedagogía*, n.º 348, págs. 100-103.

FERNÁNDEZ GARCÍA, Tomás y MOLINA, José G. (Coords.)(2005). *Multiculturalidad y edu-cación. Teorías, ámbitos y prácticas*. Madrid: Alianza.

FRANKLIN, Bob (1995). *The handbook of children's rights*. Londres: Routledge.

FURTH, Hans G. y MCCONVILLE, Kathleen (1981). "Adolescent understanding of com-promise in political and social arenas". *Merrill–Palmer Quarterly*, 27, págs. 413-427.

HUGHES, Thomas (1857). *Tomás Brown en la escuela*. (Trad. Cast de M. Ortega y Gas-set. Madrid: Calpe, 1923.)

LEWIN, Kurt, LIPPITT, R. y WHITE, R. K. (1939). "Patterns of aggressive behavior in expe-rimentally created social climate". *Journal of Social Psychology, 10*, págs. 271-299.

LÓPEZ, Félix (1995). *Necesidades de la infancia y protección infantil. 1 Fundamenta-ción teórica, clasificación y criterios educativos*. Madrid: Ministerio de Asuntos Sociales.

MEAD, George Herbert (1934). *Mind, self, and society*. Chicago: University of Chicago Press. (Trad. cast. de F. MAZIA, *Espíritu, persona y sociedad*. Buenos Aires: Paidós, S.A.)

MINISTERIO DE EDUCACIÓN Y CIENCIA (España) (2006). *Ley Orgánica de Educación*. Madrid: MEC.

OFICINA INTERNACIONAL DEL TRABAJO (2005). "Construir futuro, invertir en la infancia: estudio económico de los costos y beneficios de la erradicación del trabajo infan-til en Iberoamérica". Puede consultarse en la página: www.oit.org.pe/ipec/docu-mentos/cb_iberoamérica.pdf.

OLWEUS, Dan (1993). *Conductas de acoso y amenaza entre escolares*. Trad.cast. de R. Filella, Madrid: Morata, 1998

ORTEGA, Rosario (1992). "Relaciones interpersonales en la educación. El problema de la violencia escolar en el siglo que viene". *Revista de educación y cultura*, 14, págs. 23-26.

ORTEGA, Rosario y MORA-MERCHÁN, Joaquín (1999). Spain. En: P. K. SMITH, Y. MORITA, J. JUNGER-TAS, D. OLWEUS., R. CATALANO y P. SLEE (Eds.) (1999). *The nature of school bullying. A cross national perspective*. Londres: Routledge, págs. 157-174.

OSOFSKY, Joy D. (Ed.) (1997). *Children in a violent society*. Nueva York: Guilford.

PIAGET, Jean (1932). *Le jugement moral chez l'enfant*. París: Alcan. (Trad cast. de N. Vidal: *El criterio moral en el niño*. Barcelona: Fontanella, 1971. Nueva ed. Barcelona: Martínez Roca, 1984.)

— y GARCÍA, Rolando (1983). *Psychogénèse et histoire des sciences*. París: Flammarion. (Trad. cast., *Psicogénesis e historia de las ciencias*. México: Siglo XXI, 1982.)

RICHMOND, George (1973). *The micro-society school. A real world in miniature*. Nueva York: Harper.

RIGBY, Ken (2002). "Bulling in childhood". En P. K. SMITH y C. H. HART, *Blackwell handbook of childhood social development*. Oxford: Blackwell, pags. 548-568.

ROSENTHAL, Robert y JACOBSON, Lenore (1968). "Pygmalion in the classroom". Nueva York: Holt, Rinehart and Winston. (Trad. cast. de M. J. Díaz, *Pygmalión en la escuela: Expectativas del maestro y desarrollo intelectual del alumno*. Madrid: Marova, 1980.)

SMITH, Peter K. y SHARP, S. (Eds.) (1994). *School bullying insights and perspectives*. Londres: Routledge.

—, MORITA, Y., JUNGER-TAS, J., OLWEUS, D., CATALANO, R. y SLEE, P. (Eds.) (1999). *The nature of school bullying. A cross national perspective*. Londres: Routledge.

TYNER, Kathleen R. y KOLKIN, Donna L. (1991). *Aprender con los medios de comunicación*. (Trad. cast. de P. León, Madrid: Ediciones de la Torre, 1995.)

VARGAS LLOSA, Mario. (1962). *La ciudad y los perros*. Barcelona: Seix Barral.

VILCHES, Amparo y GIL, Daniel (2002). *Construyamos un futuro sostenible. Diálogos de supervivencia*. Madrid: Cambridge University Press.

VINCENT, Jean-Didier, COMTE-SPONVILLE, André, BERGOUNIOUX, Pierre, MEIRIEU, Philippe, TODOROV, Tzvetan, ROUSTANG, François y VAILLANT, Alain (2003). *L'ennui à l'école*. París: Albin Michel.

VINHA, Telma (2003). *Os conflitos interperssoais na relação educativa*. Tesis doctoral. Universidad Estadual de Campinas (Brasil). Facultade de educação.

Índice de autores y materias

Otras obras de Ediciones Morata de interés

Adorno, Th.: *Educación para la emancipación,* 1998.
Apple, M. W.: *Política cultural y educación,* (2.ª ed.), 2001.
——— **y Beane, J. A.:** *Escuelas democráticas,* (4.ª ed.), 2005.
Beltrán, F. y San Martín, A.: *Diseñar la coherencia escolar,* (2.ª ed.), 2002.
Bernstein, B.: *La estructura del discurso pedagógico,* (4.ª ed.), 2001.
——— *Pedagogía, control simbólico e identidad,* 1998.
Bruner, J.: *Desarrollo cognitivo y educación,* (5.ª ed.), 2004.
Cole, M.: *Psicología cultural,* (2.ª ed.), 2003.
Condorcet: *Cinco memorias sobre la instrucción pública,* 2001.
Delval, J.: *Aprender en la vida y en la escuela,* (3.ª ed.), 2005.
Dewey, J.: *Democracia y educación,* (6.ª ed.), 2004.
Elliott, J.: *Investigación-acción en educación,* (4.ª ed.), 2000.
Fernández Enguita, M.: *Educar en tiempos inciertos,* 2001.
Freire, P.: *Pedagogía de la indignación,* 2001.
Gardner, H.; Feldman, D. H. y Krechevsky, M. (Comps.): *El Proyecto Spectrum (I, II y III),* 2001.
Gartner, A.; Greer, C. y Riessman, F. (Comps.): *Nuevo ataque contra la igualdad de oportunidades,* 1999.
Gimeno Sacristán, J.: *El* curriculum: *una reflexión sobre la práctica,* (8.ª ed.), 2002.
——— *La educación obligatoria: su sentido educativo y social,* (3.ª ed.), 2005.
——— *Educar y convivir en la cultura global,* (2.ª ed.), 2002.
——— *La pedagogía por objetivos: obsesión por la eficiencia,* (11.ª ed.), 2002.
——— *Poderes inestables en educación,* (2.ª ed.), 1999.
——— *La transición a la educación secundaria,* (4.ª ed.), 2000.
——— **y Pérez Gómez, A. I.:** *Comprender y transformar la enseñanza,* (10.ª ed.), 2002.
Gómez Llorente, L.: *Educación pública,* (2.ª ed.), 2001.
Grundy, S.: *Producto o praxis del* curriculum, (3.ª ed.), 1998.
Healy, K.: *Trabajo social. Perspectivas contemporáneas,* 2001.
Hicks, D.: *Educación para la paz,* (2.ª ed.), 1999.
Lundgren, U. P.: *Teoría del* curriculum *y escolarización,* (2.ª ed.), 1997.
Martínez Bonafé, J.: *Políticas del libro de texto escolar,* 2002.
McKernan, J.: *Investigación-acción y* curriculum, (2.ª ed.), 2001.
Newman, D.; Griffin, P. y Cole, M.: *La zona de construcción del conocimiento,* (3.ª ed.), 1998.
Pérez Gómez, A. I.: *La cultura escolar en la sociedad neoliberal,* (4.ª ed.), 2004.
Popkewitz, Th. S.: *Sociología política de las reformas educativas,* (3.ª ed.), 2000.
Pozo, I.: *Humana mente,* 2001.
Santos Guerra, M. A.: *La escuela que aprende,* (3.ª ed.), 2002.
Simons, H.: *Evaluación democrática de instituciones escolares,* 1999.
Stake, R. E.: *Investigación con estudio de casos,* (3.ª ed.), 2005.
Steinberg, Sh. y Kincheloe, J.: *Cultura infantil y multinacionales,* 2000.
Stenhouse, L.: *Investigación y desarrollo del* curriculum, (5.ª ed.), 2003.
——— *La investigación como base de la enseñanza,* (5.ª ed.), 2004.
Torres, J.: *El* curriculum *oculto,* (8.ª ed.), 2005.
——— *Globalización e interdisciplinariedad: el currículum integrado,* (4.ª ed.), 2000.
——— *Educación en tiempos de neoliberalismo,* 2001.
VV.AA.: *Volver a pensar la educación* (2 vols.), (2.ª ed.), 1999.
Wray, D. y Lewis, M.: *Aprender a leer y escribir textos de información,* 2000.